Josef Zehentbauer

Melancholie

W0070664

Josef Zehentbauer

Melancholie

Die traurige Leichtigkeit des Seins

Kreuz

Die Deutsche Bibliothek – CIP-Einheitsaufnahme
Ein Titeldatensatz für diese Publikation ist bei
Der Deutschen Bibliothek erhältlich.

1   2   3   4   5   05   04   03   02   01

© 2001 Kreuz Verlag GmbH & Co. KG Stuttgart
Ein Unternehmen der Dornier Medienholding GmbH
Postfach 80 06 69, 70506 Stuttgart, Tel: 0711/78 80 30
Sie erreichen uns rund um die Uhr unter www.kreuzverlag.de
Umschlagbild: Leonardo da Vinci, Dame mit dem Hermelin
(Ausschnitt)
Umschlaggestaltung: Atelier Reichert, Stuttgart
Satz: de·te·pe, Aalen
Druck und Bindung: GGP Media, Pößneck

Die Schreibweise entspricht den Regeln der neuen Rechtschreibung.

ISBN 3 7831 1911 1

Danksagung

Zahllosen LehrmeisterInnen der Melancholie, die ihre Melancholie leben, durfte ich begegnen; von ihnen habe ich wertvolle und tiefgründige Weisheiten erfahren.

Wie bei jedem von mir veröffentlichten Buch bedanke ich mich bei meiner Familie, meiner Frau Ulrike Franck-Zehentbauer und meinen Kindern Jani, Gabriel und Mina für Geduld und Rückhaltgeben während der Manuskript-Erstellung. Und bravourös wie immer hat Frau Monika Littel das Opus niedergeschrieben.

Gewidmet
der verehrten Melancolia
auf dass sie sich
vermehre auf Erden

Inhalt

Einleitung

Im Licht der untergehenden Sonne begegnet uns eine zierliche Frau mit blassblauem Turban ... Als sie schon beinahe vorübergegangen ist, dreht sie sich noch einmal um und schaut uns tiefsinnig, freundlich an, mit einem traurig berührenden Lächeln ... Sie zeigt eine Sehnsucht nach unendlicher Geborgenheit, die es nie geben wird auf Erden ... Melancholie ...

Melancholie ist ubiquitär und erfasst alle Menschen, alle Tiere und wohl auch die Pflanzen und all die Dinge um uns, und Melancholie dringt über das Irdische hinaus und strebt ins Jenseitige. Jeder hat die Melancholie im Herzen, die einen mehr, die anderen weniger, manche verdrängen sie und wieder andere gehen auf in der Melancholie und erleben die traurige Leichtigkeit des Seins.

Die Melancholie ist niemals Krankheit, sondern ist eine wunderbare Charaktereigenschaft, voll von *Tiefgang, innerer Kreativität, Frieden und (stiller) Leidenschaft*. Nicht irgendeine Stimmung ist die Melancholie, sondern sie ist lebensnotwendig wie die Luft zum Atmen. Vor allem künstlerisch oder lebenskünstlerisch wirkende Melancholiker bauen kunstvolle *Brücken zum Unbeschreiblichen*, zum Transzendenten. So sind die Melancholischen in einer ungemein privilegierten und gleichermaßen leidvollen Situation: Sie schöpfen aus dem tiefen Fundus menschlicher Existenz, können in traurigem Glück schweben, können aber auch hinabstürzen in die Tiefen ausweglosen Seins, in depressives Leiden.

Am anderen Pol der Melancholie lagert die Trostlosigkeit der Depression. Depression ist ein deutliches Zuviel an Melancholie, doch ist auch die Depression nicht primär Krankheit (auch wenn die Psychiatrie anderes behauptet), sondern Depression ist – oft sehr belastende – Grenzerfahrung zwischen Leben und Tod. Die Frage, ob und wann Depression zur Krankheit wird, lässt sich einfach beantworten: Ein depressiver Mensch ist dann krank, wenn er sich selbst als krank empfindet. Jedoch: *Nicht jedes Leiden ist Krankheit.*

Melancholie und Depression sind zwei Begriffe, die Unterschiedliches verkörpern. Nochmals sei betont, dass die Melancholie eine »gesunde« Art ist, in dieser Welt zu sein. Und für einen Depressiven wird es eine Erleichterung sein, wenn er aus den Tiefen des Tränensees wieder hochkommt (oder von anderen hochgezogen wird) und sich – wieder – in das besinnlich-schwankende Boot der Melancholie rettet ...

Die milliardenteure Neurotransmitter- und Psychopharmakaforschung erklärt bestenfalls einen Teil des stofflichen Äquivalents der Melancholie, geht aber am eigentlichen Wesen der Melancholie vorbei. Die Melancholie – diese Spannung zwischen Trauer und Licht – soll nicht bekämpft oder therapiert werden, sondern man sollte ihren Wert erkennen und respektieren. *Wünschenswert wäre nicht weniger, sondern mehr Melancholie auf dieser Welt*, dann wäre sie friedlicher und gerechter, das Elend in der Dritten Welt würde man mindern, und vielleicht würden die Männer mit dem Kriegführen aufhören. Mehr Melancholie könnte uns wieder mit den Zyklen der Natur verbinden, brächte mehr profundes Wissen und – mehr Liebe. Dabei geht es nicht darum, in die Strömungen von »new age« und esoterischen Modeerscheinungen einzutauchen, sondern das Phänomen Melancholie soll – wieder – wahrgenommen werden ... die Melancholie, die beharrlich die derzeitige Kultur des Konsumismus überdauert und infrage stellt ...

Schon Aristoteles wies darauf hin, dass »außerordentliche Menschen« – ob in Philosophie oder Dichtung – Melancholiker sind. In der Melancholie wohnt schier unerschöpfliches kreatives Potenzial. Die Melancholie zeigt sich uns in vielen Fassetten, und wir erleben und betrachten ›nur‹ die menschlich erfahrbaren Varianten. Ein solches Erfahren und Darstellen der Melancholie kann nicht systematisch geschehen. Und auch die Melancholie ist – per se – nicht einer Systematik unterworfen. Es gilt einfach: Die Melancholie *ist*. Auch in den nachfolgenden Kapiteln wird nicht nach einer aufgezwungenen Systematik vorgegangen. So werden Sie (scheinbare) Widersprüchlichkeiten finden, sur-reale Vergleiche, traurige und freundliche Perspektiven und – nicht selten – Pathos.

In den Text des vorliegenden Buches sind Gedichte und Zitate eingestreut, die Sie bitte nicht nur mit den Augen, sondern *mit Ihrem Herzen* lesen sollten. Wenn innere Reflexion und Kunst zusammenfließen, dann werden bedeutende Aspekte des Seelischen in den Bereich des Aussagbaren gebracht: Solchermaßen entstehende Seelengedichte und Seelenbilder können uns – wenn wir dafür offen sind – mehr berühren und bereichern als tonnenschwere theoretische Abhandlungen.

Die Vernunft wird von einem melancholisch-romantischen Menschen nicht verachtet, aber die Vernunft gibt ihre Rolle als Oberlehrer der Wissenschaft auf und lässt sich einbetten in die Poetik der Emotionen. Kopf und Herz gehen eine Einheit ein, und statt der allseits vorherrschenden vernunft- und zweckbetonten Wissenschaft entsteht eine *empfindsame Wissenschaft*: Eine zu erforschende Blume wird nicht aus der Erde gerissen und in mikroskopische Feinschnitte zerstückelt, sondern man betrachtet die unversehrte Blume und versucht, sich in sie einzufühlen, versucht, zur Blume zu werden. Die dabei gewonnene Wahrnehmung und Erkenntnis wird nicht mit Tinte, sondern mit Herzblut niedergeschrieben: Das mag pathetisch klingen, und dennoch widerspricht es nicht der Ratio.

Ähnlich wie die unversehrt belassene Blume wird in dem vorliegenden Buch der melancholische Mensch mit großer Achtung und Empathie betrachtet und beschrieben. Es wird nicht nur die *Würde des melancholischen Menschen* respektiert, sondern zusätzlich wird gefordert, man möge der Melancholie mehr Raum geben und ihr mehr Wertschätzung zeigen, *auf dass sie – die Melancholie – zum Vorbild werde für möglichst viele Menschen ...*

Ziel dieses Buches ist auch, den Millionen von Melancholikern zu mehr Selbstbewusstsein zu verhelfen und die ausgesprochen positiven Aspekte der Melancholie – neu – zu entdecken.

Die Melancholie kann nicht endgültig beschrieben werden, denn beim Sich-hinein-Begeben in die Melancholie kommt man zu keinem Ende ... Die Melancholie selbst ist endlos ...

Wenn Sie wollen, treten Sie nun ein in den gleichermaßen dunklen wie hellen Palast der Melancholie.

Die traurige Ästhetik des Seins

Eine Geschichte sollte ich erzählen und ich erzähle:

Ein traurig lächelnder Mann, der viel erlebt hat, verlässt sein Zuhause und begibt sich auf eine lange Wanderung. Monat um Monat, Jahr um Jahr wandert er dahin ... schließlich wird er müde, sehr müde und er – der gerade ein Tal durchqueren will – setzt sich am Wegrand erschöpft zu Boden. Da erst sieht er, dass eine hohe Mauer vor ihm steht und ein großes verriegeltes Tor. Vor dem Tor ragt eine Wächterin, groß von Gestalt, mit langen wallenden Haaren und einem Schwert in Händen.

»Darf ich eintreten?«, fragt der Mann.

Doch die Wächterin schüttelt den Kopf und sagt: »Nein.«

Da bleibt der Mann auf der Stelle kauern und wartet ... und wartet. Manchmal reicht die Wächterin ihm einen Krug mit Wasser, eine Schale mit Reis ... und der Mann wartet weiterhin ... wartet ... wartet ... Zeiten vergehen, lange, lange Zeiten ...

Schließlich spürt der Mann, dass sein Ende naht, und er wagt noch einmal, die Wächterin zu fragen: »Darf ich eintreten?«

Und die Wächterin antwortet: »Warte noch ein Weilchen ...«

Der Mann bleibt in sich versunken, doch mit letzter Kraft blickt er erneut zur Wächterin empor und spricht mit leiser, gebrochener Stimme: »Darf ich dich noch etwas fragen?«

Es antwortet die Wächterin: »Ja.«

»Warum?«, so fragt der Mann, »warum ist in all der langen, langen Zeit, wo ich hier kauere und warte, kein anderer Mensch gekommen, um Einlass zu erbitten?«

Die Wächterin lächelt freundlich: »Dieses Tor ist nur für dich bestimmt.«

Da lächelt – unendlich müde – auch der kauernde Mann, lächelt und seufzt tief ... schließt die Augen. Nun öffnet die Wächterin das Tor ganz weit, verneigt sich gegenüber dem Mann und macht eine einladende Geste: »Tritt ein ...« Alsdann entschwindet die Wächterin ... und die Sonne verbleicht im Nebel ...

Die eigentlichen Wahrheiten des Lebens werden überaus behütet. Und selbst wenn das Tor zur Wahrheit offen stünde, wissen wir nicht, ob wir es wagen würden, die Schwelle zu überschreiten.

In all den Augenblicken dessen, was wir Leben nennen, spüren wir hinter den lauten Tumulten des Alltags eine monotone Einsamkeit. Und diese Einsamkeit kann sich zum Allein-Sein wandeln und dann Wegweiser werden bei der Suche nach der Wahrheit des Lebens. Aber was heißt schon »Wahrheit«?

Jedenfalls verkriecht sich die Einsamkeit, wenn wir im Job aufgehen, mit Kindern herumtollen, laut lachend mit anderen Kaffee trinken, vor dem Fernsehapparat oder vor dem Computer sitzen, Zeitschriften lesen, uns amüsieren, ablenken. Vielerlei Arten von Ablenkung verführen uns, und vielleicht mögen viele denken: Das ist angenehm und (vermeintlich) förderlich für das Wohlbefinden.

Müssen wir denn unbedingt in den Tiefen schürfen und die Grenzen unserer Existenz ergründen? ... Müssen wir die Leiden dieser Erde spüren und nach dem Jenseitigen schauen?

Wir müssen nicht. Doch da ist ein amorphes Sein in uns – in jedem Menschen (!) –, ein amorphes, dunkles und dennoch lichtes Sein, das über die Individualität hinausragt. Dieses amorphe Sein hat ein ernst lächelndes Antlitz, zeigt eine traurige, stille Freude und stellt immer wieder fundamentale und ins Jenseits zielende Fragen, die ohne Antwort bleiben. *Dieses schwer erfassbare, alle Menschen tief im Herzen berührende Sein hat einen Namen: Melancholie.*

Die Melancholie ist ubiquitär und in allen Menschen, allen Tieren und wohl auch in den Pflanzen lebendig. Manche Menschen spüren nur wenig Melancholie oder verdrängen sie, andere werden von der Melancholie angezogen wie von einem Magneten und versinken darin. Solche, von der verschwommen-lichten Traurigkeit besonders erfüllte Menschen werden

Melancholiker genannt und sind Grenzgänger auf dem schmalen Pfad zwischen Diesseits und Jenseits. Und manchmal bauen die Melancholiker kunstvolle Brücken zum Unbeschreiblichen und zum Transzendenten.

Melancholie ist keine Krankheit, sondern eine – vielleicht tragische – Auszeichnung, die den von der Tiefe des Lebens durchwebten Menschen aus den grauen Durchschnittsmassen hervorhebt, ob die Betroffenen dies wollen oder nicht.

In melancholischen Menschen – wie in anderen Menschen auch – gibt es ein inneres Gleichgewicht, das für Balance sorgt und ein Abstürzen in Qualen, Grauen oder Panik verhindert. Kippt dieses Gleichgewicht aus verschiedensten, individuellen Gründen, dann kann beim melancholischen Menschen die Befindlichkeit umschlagen in leidvolle Schwermut, in tief betrübte Depression. *Dieser Zustand von unendlich bedrückender Traurigkeit und schmerzlicher Trostlosigkeit wird meist als Krank-Sein, gar als depressives Krank-Sein erlebt und unterscheidet sich erheblich von der – letztendlich gesunden – bittersüßen Melancholie.*

> »Durch des Lebens Wüste irr ich glühend
> Und erstöhne unter meiner Last,
> Aber irgendwo, vergessen fast,
> Weiß ich schattige Gärten kühl und blühend.
>
> Aber irgendwo in Traumesferne
> Weiß ich warten eine Ruhestatt,
> Wo die Seele wieder Heimat hat,
> Weiß ich Schlummer warten, Nacht und Sterne.«
>
> (*Hermann Hesse:* ›*Irgendwo*‹)

Der melancholische Mensch geht nie konform mit dem Modischen, dem Zeitgeist oder dem Trend von Werbung oder Showbusiness, er durchschaut die oberflächlich leeren Fassaden und leidet an der Hohlheit der derzeitig herrschenden Religion des Konsumismus. Der Melancholische ist hierbei kein laut polternder Kritiker, sondern zeigt durch sein resigniertes Verhalten und durch sein betrübtes Gesicht, dass er das blendende Theater voll von Pseudo-Fröhlichkeit nicht teilen mag. Glitzernde Sternchen vollführen allerlei scheinbare Kunststückchen und gefallen sich in der Bewunderung durch das Publikum. Solch sorglos-unbeschwerte, gar um Begeisterung heischende Existenzen werden von melancholischen Menschen mit Argwohn bedacht. Die Melancholischen fungieren ein wenig als Spielverderber: *Sie haben gewissermaßen den göttlichen Auftrag, allen Menschen das Endliche und Tiefgründige des menschlichen Seins vorzuleben.* Und das tun sie meist mit Inbrunst. Dabei wird die Melancholie oftmals zu einem dauernden, launigen Jammern, das alles infrage stellt und manchmal zum Wahnsinn treibt, aber eigentlich zur Erkenntnis streben will. Wenn der Melancholische zum Wahnsinn treibt, dann betrifft dies keineswegs nur ihn – nicht selten werden vom melancholischen Menschen auch Familienangehörige, Arbeitskollegen, Freunde durch eine Flut von Pessimismus, Seelenschmerz und Todessehnsucht mitgerissen und hineingestürzt in einen Tränensee, oder sie werden dazu gebracht, sich genervt vom Melancholischen abzuwenden.

Das Mensch-Sein zeigt per se etwas Tragisches. Die Melancholischen übersteigern gewissermaßen dieses Mensch-Sein und bringen seine Tragik zur traurig-besinnlichen Blüte. Melancholie wird somit zur stimmigen Antwort auf die – letztendlich so empfundene – Unerträglichkeit des Seins. Der Philosoph und Melancholiker Søren Kierkegaard meint: »Ich sage von meinem Kummer, was der Engländer von seinem Haus sagt – mein Kummer is my castle.«

Manchmal gibt sich die Melancholie als *traurige Ästhetik des Seins*: … Da ist der wehmutsvolle Rückblick in die eigenen vergangenen Jahre oder Jahrzehnte … vergangenes Glück, das nie, nie mehr wiederkehrt … Da ist die Lektüre oder das Theatererlebnis griechischer Tragödien … oder ein herzberührender, tränenbenetzter Film … Der »Tod in Venedig« oder eine andere, emotions-volle Traurigkeit … Gustav Mahler oder Francesco Guccini … Die gefühlvoll bewegte Stimme einer Popsängerin

»... und wenn ich sterb', dann stirbt nur ein Teil von mir und stirbst du, bleibt deine Liebe mir ...« ... In Wehmut und Liebe Abschied nehmen ... ein schön trauriges Gedicht ... in schwermütigen Träumen tränenverschleiert versinken ... und: ... seufzen ... ja, seufzen ...

Das Seufzen ist der existenzerhaltende Odem des melancholischen Menschen und erleichtert ein wenig die Bürde des Lebens. Und das Seufzen kann sehr wohl über lächelnde Lippen kommen, und nach einem besonders inbrünstigen Seufzer kann gar ein fröhliches Lachen stimmig sein.

»Mit leisen Harfentönen
Sei, Wehmut, mir gegrüßt!
...
Du, so die Freude weinen,
Die Schwermut lächeln heißt,
Kannst Wonn' und Schmerz vereinen,
...«

(Johann Gaudenz von Salis-Seewis: ›Die Wehmut‹)

Süße Melancholie wird willkommen geheißen, und als sanfter Schauer bringt sie die Freude zum Weinen und das Weinen zum Lächeln. Freuden-Tränen kennt jeder, doch die meisten haben gelernt, sie meisterlich zurückzuhalten und keine tiefen Regungen zu zeigen – *cool* bleiben heißt das Motto, cool bleiben wie Humphrey Bogart oder David Bowie oder hyper-cool wie ein Marlboro-Cowboy. Wer dagegen – bewusst – ein melancholisches Bad nimmt, taucht ein in eine sanfte, honiggleiche Tristezza, wo Seelenschmerz und Wonne sich vereinen: Dann beginnt die Schwermut wissend zu lächeln und aus dem Dunkel wird geheimnisvolles Zwielicht. Der müde Kopf darf gelassen auf den ausgestreckten Armen ruhen, und leise nähert sich die große Trösterin – die Hoffnung. Sie schmiegt sich sanft dazu und bringt Glanz in die Augen. Die Hoffnung nimmt das Leiden bei der Hand und weist vielen Melancholischen den Weg zum absoluten Trost: Gottes Sterne leuchten, und seine

Sonne wärmt uns, und so kann man – wenn man gläubig ist – sich von Göttlichem getragen fühlen.

Die Melancholiker sind empfänglich für die Worte der Verkünder von Heilslehren und Religionen – ob Christentum oder Hinduismus, ob Osho oder Buddha … und ebenso empfänglich für Ideologien – ob Marxismus oder Kapitalismus. All diese Verkünder sind Propheten des Morgen. Doch das Morgen ist ungewiss, denn jederzeit kann das Heute – im Diesseits – bereits das Ende sein. Und das Jenseits ist mit einer Heilslehre nicht begreifbar.

Die melancholische Freude ist oftmals ernsthaft, ja sogar traurig, aber auch eine traurige Freude erquickt das Herz. *Die Freudlosigkeit dagegen entsteht nicht aus der melancholischen Stimmung, sondern hat ihre Ursache im Wissen.* Bei manchen Menschen vergehen mehrere Jahre ohne heftige, freudige Erregung. Für ein Kind in einer wohlwollenden Umgebung vergeht kein Tag ohne lebhaft-freudiges Sprühen, und sei es wegen kleiner Anlässe. Die Unwissenheit des Kindes lässt Freude entflammen, das Wissen des Erwachsenen (Alltagssorgen, kleine und große Belastungen, politische Unwetter etc.) drückt und bedrückt und kann gar jegliche Freude ersticken.

Wenn ein Melancholiker Glückliches erfährt – eine schöne Wanderung, berufliche Anerkennung oder Verliebtheit –, dann wird dieses Glückliche nicht einfach angenommen, sondern – wie eine unfertige Speise – sorgfältig gewürzt mit Wehmut, bitterer Zukunfts-Sicht und süßer Traurigkeit. Erst dann entstehen, fein abgeschmeckt, trauriges Glücklichsein und melancholische Freude, die sehr wohl sinnlich genossen werden können. Ein solch »umständliches« Glücksempfinden wird in der modernen Glitzerwelt von »Dont't worry, be happy« nicht verstanden. Für den Melancholischen gilt eher: »Do worry and – perhaps – be happy.«

Viele Melancholiker fühlen sich schon angesichts der immer wiederkehrenden Anforderungen des Alltags überfordert und wehren sich innerlich, in die alltägliche Tretmühle einzusteigen. Werden Melancholische mit neuen, großen Anforderungen konfrontiert, dann fühlen sich manche von ihnen rat- und hilflos und können eigentlich nur noch resigniert weinen.

Die meisten LeserInnen kennen wohl das Märchen, das wie folgt beginnt:

>»Es war einmal ein Müller, der war arm, aber er hatte eine schöne Tochter. Und es traf sich, dass er mit dem König zu sprechen kam und ihm sagte: ›Ich habe eine Tochter, die weiß die Kunst, Stroh in Gold zu verwandeln.‹ Da ließ der König die Müllerstochter alsgleich kommen und befahl ihr, eine ganze Kammer voll Stroh in einer Nacht in Gold zu verwandeln, und könne sie es nicht, so müsse sie sterben. Sie wurde in die Kammer eingesperrt, saß da und weinte, denn sie wusste um ihr Leben keinen Rat, wie das Stroh zu Gold werden sollte …«

Ähnlich ratlos wie Müllers Tochter, aussichtslos ausgeliefert – so empfinden sich Melancholiker angesichts der alltäglichen Herausforderungen; und selten hat man im Alltag das große Glück, das der schönen Müllerstochter beschert wurde: Ihr half ein kleines Männlein – mit dem geheimen Namen Rumpelstilzchen –, alles Stroh zu Gold zu verwandeln.

Indem ein melancholisch gestimmter Mensch bei einem positiven Erlebnis gleich das Negative oder das potenziell Negative mitbetrachtet, vollzieht er gewissermaßen eine Gesamtschau des Ereignisses, sieht die Licht- und Schattenseiten gleichermaßen. Dies schafft ihm eine einzigartige Übersicht im Leben. Er lässt sich nicht blenden von einer augenblicklichen Versuchung und sagt zu einer Chance, die einmalig scheint, nicht gleich begeistert »ja«. Angesichts einer berghohen Herausforderung flüchtet sich der Melancholische nicht in den Glauben, irgendein Rumpelstilzchen werde ihm schon helfen, sondern er neigt eher dazu, das ganze Vorhaben seufzend aufzugeben. Die Umgebung wirft allzu gern dem Melancholiker vor, er sei zu zauderhaft, würde Chancen nicht ergreifen, wäre zu pessimistisch und überhaupt – nichts könne man ihm Recht machen. Wenn der Melancholische es schafft, sich weitgehend von diesen drängenden Meinungen seiner Umgebung zu befreien (was wahrlich nicht leicht ist), dann wird er merken, dass er – entgegen der Meinung der anderen – nicht eingeschränkt wahrnimmt, sondern ein breites Spektrum an Möglichkeiten einbezieht. Wird der Melancholische sich seiner annähernd ganzheitlichen Wahrnehmung bewusst, dann erfährt seine Gestimmtheit erhellende Momente, und er erkennt sein diskret-überlegenes Wissen; er spürt und ahnt mehr als andere, welche Unternehmungen gefährlich, ruinös oder sinnlos sind. Ja, dieses Erkennen ist etwas ganz Besonderes, denn der Melancholiker traut sich ansonsten eher wenig zu und spürt immer wieder die Trauer, weniger zu sein als andere. Dieses Sich-kleiner-Fühlen als andere resultiert nicht aus Misserfolgen oder aus unzulänglicher Begabung, sondern ist eine Grundüberzeugung, die selbst durch offensichtliches Können, durch Erfolge und Anerkennung nicht widerlegt werden kann. Man kann dies einen Mangel an Selbstvertrauen nennen oder aber – richtiger – große Bescheidenheit. Doch in unserer auf Ich-Stärke getrimmten Gesellschaft sind Durchsetzungsvermögen, das »Andere-überfliegen-Können« und aufgeblasenes Selbstwertgefühl die anerkannten Parameter für individuelles Wohlergehen.

Wenn das Power-Ego der Selbstwert-Apostel von seinem künstlich errichteten Thron herabsieht, dann lässt sich melancholische Bescheidenheit, die sich selbst klein macht, nicht verstehen.

> »Wer sich verneigt,
>   wird Größe erlangen
> Wer nichts besitzt,
>   dem gehört alles
> Wer bescheiden ist,
>   der wird erhöht
> Lerne nachgiebig und weich zu sein
>   – so handeln die Weisen
>   und sind so Kinder der Wahrheit.«

Weise Worte von Laotse. Vergleichbares findet man auch – so man will – im Neuen Testament.

In der herrschenden Kultur des Konsumismus muss man wissen, was man will, man muss Ziele haben, man muss sich beruflich durchkämpfen, und wer mit aller Macht seiner Ellbogen irgendeine Hierarchieleiter erklimmt, der hat gewonnen und gilt als Siegertyp. Bei solchen Wettrennen bleiben die Melancholischen oft auf der Strecke – oder treten erst gar nicht an den Start: Dann gelten sie rasch als Versager, als Feiglinge, als jemand, der nicht weiß, was er will. Tragischerweise sind die melancholischen Menschen besonders empfänglich für solche Negativ-Prädikate: Sie schauen in den Spiegel und sehen sich als Versager, das Selbstwertgefühl ist unter die Null-Markierung gesunken. In solchen Zeiten – und es gibt unendlich viele dieser Beispiele – wird die Gefahr groß, dass der Melancholische innerlich ins Schwanken gerät und in seine andere Ausprägung – ins Depressive – umkippt. Am anderen Pol der Melancholie tut sich die Depression auf wie ein schwarzer, tiefer Brunnen, in den man hineinfallen kann.

Statt die Melancholiker zu verunsichern und aufzufordern, am täglichen Überlebenskampf teilzunehmen und dabei die Schwerter oder Revolver zu zücken, statt Durchhalteparolen zu verkünden, könnten die unreflektiert vor-sich-hinkämpfenden »normalen« Menschen von den Melancholikern gar Bedeutendes lernen: friedlich sein und gleichmütig (= gleichen Mutes), nicht nur nach außen schauen, sondern auch nach innen.

Ähnlich wie die Melancholie, ist auch die Angst ubiquitär im Leben auf dieser Erde. Und ebenso wie die Melancholie ist die Angst ein in der Seele jedes (!) Menschen wirkendes Element. Manche Menschen spüren kaum oder nur in zugespitzten Situationen Angst, andere sind von Angst besessen und wie gelähmt. Der Melancholische hat eine ganz besondere Beziehung zur Angst. Zwar begleitet die Angst jeden Menschen das ganze Leben lang, von der Geburt bis zum Tode, doch der Melancholische spürt besonders intensiv diese dauernde Begleitung der Angst. Die Angst ist dem melancholischen Menschen nahe und vertraut, auch wenn er oftmals unter ihr leidet.

Angst ist notwendige Begleiterin und hat im Alltag durchaus schützende Funktionen (Angst vor einem Verkehrsunfall etwa lässt uns vorsichtig sein), doch Angst ist auch eine Spiegelung unserer Abhängigkeiten und unseres Wissens um den Tod. Vor allem die irr-reale, unbestimmte Angst, die Angst, die scheinbar grundlos ist und nicht fassbar – diese Angst lässt uns ungeschminkt und nackt unser In-der-Welt-Sein hautnah erfahren. Im Zustand der irreal-unbestimmten Angst werden wir der irdischen Sicherheiten beraubt und leben nun Wand an Wand mit dem uns unbekannten Kosmischen, dem Alles oder dem Nichts.

Zum Melancholiker gehört weniger die spontan entstehende Freude, wohl aber die stille Freude, ein introvertiertes Genießen und – heimliche – Muße. Heimlich bleibt die Muße deshalb oft, weil den Melancholiker zu viele Verpflichtungen rufen und Müßiggang eigentlich nicht erlaubt ist. Sich zuständig fühlen für das Leiden anderer, für Ungerechtigkeit und Elend – auch dies gehört zum Bild des Melancholischen. Der Melancholische übernimmt nicht unbedingt die moralischen Vorstellungen anderer, sondern er selbst ist gelebte Moral – immer im Bewusstsein, nicht eigentlich das zu erreichen, was er »sollte«.

Nicht vermindern, sondern vermehren sollte man die Melancholie auf Erden. Wäre mehr Melancholie auf dieser Welt, dann gäbe es weniger Gewalt, weniger Elend in der Dritten Welt, vielleicht keine Kriege mehr und weniger Ungerechtigkeit und Ungleichheit, es entstünden mehr Gleichklang mit den natürlichen Rhythmen dieser Erde und ein Mehr an tiefem Wissen und … mehr Liebe.

> »Trocknet nicht, trocknet nicht,
> Tränen der ewigen Liebe!
> Ach, nur dem halbgetrockneten Auge
> Wie öde, wie tot die Welt ihm erscheint!«
>
> *(Johann Wolfgang von Goethe: ›Wonne der Wehmut‹)*

Wenn Melancholie und spirituelles Suchen sich verbinden, kann sich der Zugang öffnen zu einer erfüllenden, geistigen Welt. Dabei tut sich der Melancholische leichter, wenn er nicht im Mystischen forschen muss, sondern wenn er sich an relativ festen religiösen Strukturen orientieren kann. Wer als Melancholiker die heiligen Stätten seiner geistigen Welt betritt, kann sich leichter als andere hingeben, sich öffnen und ins Innerste schauen. Das melancholische Ergriffen-Sein kann leise Wunder wirken, Wunder, über die man nicht spricht. Søren Kierkegaard, dessen ganze Existenz von Melancholie, aber auch von quälender Schwermut durchdrungen war, beschreibt in den Tagebüchern sein religiöses Ergriffen-Sein:

»Ein Leben, das mir selber zur Last war, wie sehr ich auch zuweilen all die glücklichen Anlagen verstand, aber wie alles mir verbittert wurde durch den schwarzen Punkt, der das Ganze verdarb ... eines solchen Lebens nimmt Gott sich an. Er lässt mich in stiller Einsamkeit vor ihm weinen, meinen Schmerz ausweinen und wieder ausweinen, selig getröstet durch das Wissen, dass er um mich sich kümmert – und indessen gibt er diesem Schmerzensleben eine Bedeutung, die mich nahezu überwältigt, gibt mir Glück und Kraft und Weisheit ...«

Ganz anders ist es, wenn man verzweifelt in einem ausweglosen depressiven Loch kauert und sich – trostlos und selbst-verurteilt – dem Göttlichen zu nähern versucht.

»Ob wir flehen oder fluchen ..., ob wir flüstern oder schreien, unsere Stimme ist die der armen Menschen. Der armen ungehörten Menschen.«

(Piero Meldini)

Nach Erlösung suchen, beten und göttlichen Beistand erflehen: Das kann – wenn man tief depressiv ist – umschlagen in ein Gefühl des Abgelehntwerdens, des Von-Gott-verdammt-Seins. Gott-verlassen mehren sich innere Erschütterungen ... Angst ... Grauen ... und führen manchmal zu einer verzweifelten Auflehnung gegen das vormals so verehrte Göttliche und

Heilige ... Dabei wächst der Wunsch nach Untergang, die Sehnsucht nach dem Tod, und gleichzeitig wächst – bizarrerweise – die Angst vor dem endgültigen Ende des Lebens.

Ein tief Depressiver kann aus Verzweiflung – wie der Prophet Elija – flehen: »Es ist genug, so nimm nun, Herr, meine Seele ...« – Aber was geschieht, wenn Gott meine Seele gar nicht will – oder wenn es Gott gar nicht gibt? »Die Schwermut«, so der Religionsphilosoph Romano Guardini, »ist die Beunruhigung des Menschen durch die Nachbarschaft des Ewigen. Beseeligung und Bedrohung zugleich.«

Manche sind auf der Suche nach Gott ... andere auf der Suche nach dem (verlorenen) Glück ... und wieder andere sind auf der Suche nach sich selbst ... Für die Selbstfindung bietet ein quasi industrieller Psychomarkt ein buntes Panoptikum an – vom Nackt-Encounter bis zur Fünfzig-Stunden-Marathongruppe, von Selbst-Erfahrung bis zum Ego-Power-Training.

Auch der Melancholische ist auf der Suche nach sich selbst. Oftmals überzeugt, dass diese Suche umsonst sei, sucht er dennoch weiter, ein Leben lang: in Büchern und Begegnungen, in retreats, events und workshops, in Natur-Erlebnissen, in Exzessiv-Sportarten, Erotik, in kreativem Schaffen, in Träumen, Rausch und Drogen, in Meditation oder sozialer Hingabe ... immer auf der Suche nach etwas, was er nie, nie erreichen wird.

Die Suche nach dem kleinen Ich-selbst oder die Suche nach dem großen Selbst ist mit Risiken behaftet. Ich weiß letztendlich nicht, wer oder was mir da begegnet. Ich fliege hinaus bis zum Ende des Meeres, und dort, wo der Horizont beginnt, steige ich hoch in den Tummelplatz des Weltalls, bis ich mich verirre und mich in den Umlaufbahnen des Jupiters oder des Saturns bewege ... Doch die Klangfülle der Bitterkeit und der Bruch mit dem Sein begleiten mich auch in fernste Sphären – so kann ich wohl auch wieder zur Erde zurückkehren und dort warten, bis die Sonnenstrahlen meine Tränen trocknen.

Ist die Suche nach dem Selbst eine geschickt verkleidete Selbst-Sucht?

Der manchmal kokett klingende Pessimismus des Melancholischen impliziert auch, dass er sich vom Negativen mehr und nachhaltiger beeindrucken lässt als vom Positiven. Stellen Sie sich folgendes Szenario vor: Nach einer langen Fahrt nähert sich ein Mensch einem kristallklaren Bergsee, im Hintergrund schneebedeckte Gipfel, blutrot und prächtig ist die untergehende Sonne ... Da entdeckt dieser Mensch eine achtlos weggeworfene Plastik-Mülltüte – und schon schwindet das Ergriffen-Sein vom gewaltigen Schauspiel der Natur, und er denkt an Umweltverschmutzung und an qualmende Müllberge in Brasilien, wo halbverhungerte Kinder nach Verwertbarem suchen ... Vielleicht gelingt es diesem melancholischen Menschen, mithilfe eines besonders tiefen Seufzers seine belastenden Gedanken und Emotionen – auch wenn sie einer Realität entspringen – zu verjagen und doch noch die Wunder der Natur aufzunehmen ...

Die Psychologen lamentieren, der »melancholische Patient« neige zu Introvertiertheit, sei kontaktscheu und würde sich in krankhaft-anmutende Isolation begeben. Dies ist die Sichtweise derer, die Melancholie – fälschlich – als psychische Krankheit, als psychiatrisches Syndrom proklamieren. Doch die Wirklichkeit ist anders: Der Melancholische sucht die Stille, und die ist im All-einig-Sein (das ist nicht Einsamkeit) leichter zu finden als in lauter Gesellschaft. In diesem eigentlich täglich wiederkehrenden Suchen nach der Stille des Lebens wird der Melancholische – wieder einmal – zum eigentlichen Vorbild für den »Normalbürger«. Eine Umkehrung der noch gültigen Werte ist überfällig: Bislang bemühen sich Psychiatrie und Psychologie – als Vollstrecker des Normalitäts-Begriffs –, den Melancholischen wieder an den konturlosen Durchschnittsmenschen anzupassen. Mit Psychopharmaka oder Psychotherapie soll er wieder normalisiert und funktionsfähig gemacht werden. Doch das gerade Gegenteil scheint sinnvoll: Aufmerksam sollten die »Normalen« den Lebensweg eines Melancholischen betrachten und daraus Erkenntnisse ableiten. So lässt sich beispielsweise lernen, sich in die Stille zu begeben, oder – wie andere dies nennen mögen – Für-sich-Sein, in Meditation oder in Kontemplation zu versinken ... zu sein mit sich und dem Selbst ... Erlauben Sie nochmals, Kierkegaard zu Wort kommen zu lassen, mit den folgenden poetischen Zeilen:

»Es wächst die Stille, wie die Schatten des Nachmittags wachsen; da wird das Schweigen immer tiefer, wie unter einer beschwörenden Zauberformel. Gibt es etwas so Berauschendes wie die Stille? So rasch der Trinker den Becher an die Lippen führt: Der Wein berauscht ihn nicht so rasch wie mich die Stille, die mit jeder Sekunde wächst. Und dieser Becher Weins, ist er nicht wie ein Tropfen, verglichen mit dem unendlichen Meer des Schweigens, aus dem ich trinke? ... Du bist ganz versunken und hast die Sprache vergessen ...«

Die Strukturen unserer gesellschaftlichen Verpflichtungen – am Arbeitsplatz, im Haushalt, in der Schule, auf einer Party – sind voll Fassaden und Masken, wir schauspielern uns durch den Tag, und nur sehr gelegentlich treten wir hinter den schützenden Kulissen hervor und zeigen unser wahres Gesicht und vielleicht einen Hauch unserer Seele. Beinahe ist es die Regel, dass das Eigentliche sich hinter dem Uneigentlichen versteckt. Wir treten auf und spielen den Sachlichen, spinnen intellektuelle Dialoge, machen feine oder grobe Witze, zeigen coolness und happiness, gehen notdürftig auf den anderen ein und lächeln und lachen, um Verzweiflung und Tränen zu verbergen. Dieses Konglomerat gesellschaftlicher Umgangsformen mag irgendwie auch nützlich sein für den Ablauf der Geschehnisse, aber eine wirkliche Selbst-Mitteilung, eine Äußerung der Gefühle ist schwierig – und durch die damit verbundene Öffnung der eigenen Seele wird man verletzbar. In solche Gefahren wird sich ein Melancholiker aus sinnvollem Selbstschutz möglichst nicht begeben: Er verschließt die Tore seiner seelischen Burg, zeigt sich unnahbar und schweigt. Und wirkt damit auf andere manchmal fälschlicherweise arrogant, oder er gibt sich – ebenfalls unnahbar – sehr beredt oder ausgelassen und setzt damit eine selbstsichere Maske auf. Eine Maske, die die dahinter bebende Grundtraurigkeit nicht erkennen lässt.

All dieses gesellschaftliche Agieren raubt Energie und erschöpft Geist und Gemüt. Der Melancholische sucht seine Stärkung dann in der Stille. Und das ist nicht einfach Flucht vor den Gefahren der Öffentlichkeit, sondern ist Heimkehr in eine stille Mitte. Fort von dem lauten Durcheinander und hin in die stille Heimat des eigenen Seins. Oder der Melancholische steigt bewusst hinab in den tiefen Brunnen der Melancholie, voll von Innerlichkeit und glücklicher Traurigkeit, und nimmt ein melancholisches Bad. Hilfreich ist ein solches Hinabsteigen in den Brunnen der Melancholie vor allem für jene Menschen, die ihr Melancholisch-Sein zu verdrängen versuchen oder es geschickt überspielen können (durchaus eine Fähigkeit!), und die im Umgang mit anderen die oben erwähnte, oberflächliche Heiterkeit demonstrieren, sich locker und wortfreudig geben.

Nicht wenige Menschen tragen außer ihrem melancholischen Charaktertypus noch einen anderen Typus in sich, einen Typus, der beispielsweise beredt, kühl-rational auftreten kann oder extrovertiert oder selbstsicher. Doch eigentlich bedarf die Melancholie keines Ausgleichs durch gegengesetzte psychische Eigenschaften und Charakterzüge, die Melancholie ist – per se – eine wunderbare Charaktereigenschaft, voll von In-die-Tiefe-Gehen, sensibel sein, stiller Leidenschaft und Kreativität. Gerade die künstlerisch orientierten Melancholiker kreieren Werke, die eine Verbindung schaffen zum Transzendenten, zu einer anderen Welt des Seins; sie konfrontieren den Scheuklappen tragenden »Normalbürger« – ohne ihn bewusst zu provozieren – immer wieder mit der Seinsfrage, dem Tod, mit all den elenden Seiten dieser Erde. Die melancholischen Menschen beweinen – auch stellvertretend für andere Menschen – Elend und Armut dieser Erde, die äußere Armut in den ausgebeuteten Ländern und die innere Armut in den reichen Ländern.

»Warum erweisen sich alle außergewöhnlichen Männer in Philosophie oder Politik oder Dichtung oder in den Künsten als Melancholiker?« – so der griechische Philosoph Aristoteles.

Die Melancholie kann Nährboden sein für Krankheit oder Nährboden für kreatives Sein. Letzteres wird schöpferische Leistungen hervorbringen, Schöpfungen, bestimmt für den individuellen Rahmen oder als Demonstration innerhalb der beurteilenden Gesellschaft.

Kreativ-Sein heißt, etwas aus sich heraus erschaffen und damit Dingen oder Wesen ein Leben geben. Ein Gedicht, ein Bild, ein Lied in die Welt setzen. Auch ein Kind zu erschaffen – als Mutter oder Vater – ist ein kreativer Akt. Oder Gedanken in die Welt schicken oder Liebe. Die melancholisch-beschauliche Kreativität unterscheidet sich radikal von dem kämpfend-erobernden, beherrschend-formenden Tun, das auch Neues schafft, aber dabei stählerne Härte zeigt.

Wer kreativ ist und die Kreationen öffentlich darbietet, gibt sich auch Blößen und Angriffsflächen. Die Nicht-Kreativen zeigen ihr Innerstes nicht und strahlen Sicherheit aus, die sie – auch wenn es Pseudo-Sicherheit ist – unverletzlich macht. Kreative Schöpfungen kommen aus dem Innersten und sind somit intimer Teil der Seele des kreativen Individuums. Der Kreative zeigt sich gewissermaßen nackt, nackt auch seine Seele oder Teile seiner Seele. Die Nicht-Kreativen behalten ihre Kleider an – als Schutz. Und die Nicht-Kreativen betrachten kritisch, ohne sich selbst einzubringen, die nackten Kreationen der (Lebens-)Künstler ...

Die Melancholischen sind allein durch ihr offen gezeigtes Wesen kreative Lebenskünstler und als solche sehr verletzlich. Die Melancholischen sind allein durch ihr Da-Sein gelebte Kunstwerke und damit Offenbarung des Innersten. Dagegen verhalten sich die »Normalen« wie Theaterkritiker, die selbst nichts preisgeben, sich nicht öffnen und nichts riskieren, aber mitunter dreist die tagtäglich gelebten Kreationen der Melancholischen in Frage stellen.

»...
Du herbe Göttin wilder Felsnatur,
Du Freundin liebst es nah mir zu erscheinen;

Du zeigst mir drohend dann des Geiers Spur
Und der Lawine Lust, mich zu verneinen.
Rings atmet zähnefletschend Mordgelüst:
Qualvolle Gier, sich Leben zu erzwingen!
Verführerisch auf starrem Felsgerüst
Sehnt sich die Blume dort nach Schmetterlingen.«

(Friedrich Nietzsche: ›An die Melancholie‹)

Selbst aus tiefer Schwermut, aus dem nicht-fassbaren Dunklen dringt Kostbares empor, ist emotionale Weisheit spürbar. Dunkel bedeutet hier nicht Finsternis, sondern Dunkel gehört – als Gegenpol – zum Licht. Dunkelheit und Licht sind eine Einheit, und sie sind Wegweiser bei der Suche nach dem Innersten der Individual-Seele und bei der Suche nach der Ur-Seele, die immer war und immer ist. Und so wie der unendliche, kosmische Raum sich mit dem begrenzten Raum eines Kruges verbindet, so kommuniziert die Individual-Seele mit der Alles und Nichts umfassenden Ur-Seele.

Die Melancholie ist nur ein scheinbar Negatives, das Positives ermöglicht.

Alle Menschen, alle tragen Melancholie in ihren Herzen, manche nur wenig, andere umso mehr. Jedenfalls ist Melancholie ein in jedem Menschen vorhandenes Element. Wer mit nur wenig Melancholie im Herzen an der blühenden Oberfläche des menschlichen Seins lebt, mag beneidenswert sein, denn er erfrischt sich und erfrischt die anderen mit heiterer Unbefangenheit und belebendem Lachen, ist unbesorgt und (beinahe) immer gut gelaunt und nett zu sich und den anderen. Doch wer mit Menschen zusammenkommt, die mit der Tiefe des Seins in Berührung kommen, die jene andere Welt erahnen und schauen, der wird Vertrautheit spüren und sich – im kosmischen Sinne – bei diesen Menschen zu Hause fühlen. Dantes »la grande tristezza« öffnet die Arme zu einer traurigen, aber erleuchtenden Begrüßung.

Wenn die Schwere sich löst von der Melancholie – und das tut sie rhythmisch immer wieder –, dann erhebt sich eine traurige

Leichtigkeit des Seins, und es entsteht eine tiefsinnige Klarheit,
die hineinspüren lässt in die Geheimnisse der Ur-Seele.

»Der Schwermütige hat wohl die tiefste Beziehung zur Fülle des
Daseins. Ihm leuchtet heller die Farbigkeit der Welt; ihm tönt in-
niger die Süße des inneren Klanges … Der Schwermütige ist es,
aus dessen Wesen das Übermaß der Lebensflut bricht und der die
Unbändigkeit allen Daseins erfährt … Das aber bringt uns an das
Wertzentrum der Schwermut heran: In ihrem letzten Wesen ist
sie Sehnsucht nach Liebe. Nach Liebe in all ihren Formen und in
all ihren Stufen; von der elementarsten Sinnlichkeit bis zur höchs-
ten Liebe des Geistes.«

(Romano Guardini)

Der Melancholische wirkt, obwohl er mit der Erde verbunden
ist, ein wenig fremd, »unirdisch«, und die Hände hat er ausge-
streckt nach einem Jenseits, das er nicht kennt. Wartend verhält
sich der Melancholische, wartend auf das eigentlich Wahre, das
er vielleicht nie erleben wird. Hier wird die Melancholie gelebte Symbolik für die Begrenztheit des Menschen.

Nochmals Guardini:

»… der Sinn des Menschen ist, lebendige Grenze zu sein und
dieses Leben der Grenze auf sich zu nehmen und durchzutragen.
Damit steht er in der Wirklichkeit …«

In der Melancholie erfahren wir uns als begrenzte Wesen und
spüren diese Grenze wie eine dicht gewobene Nebelwand, die
wir manchmal mit unserer Wahrnehmung zu durchdringen
glauben. Jenseits dieser geistigen Nebelwand ist … was? Göttliches? Das kosmische Selbst? Heiliges Nichts? Oder gar »nur«
das Spiegelbild unserer selbst?

Die Melancholie als ausgezeichnete Charaktereigenschaft

>»Die Melancholie ist etwas zu Schmerzliches, und sie reicht zu tief in die Wurzeln unseres menschlichen Daseins hinab, als dass wir sie den Psychiatern überlassen dürften.«
>
> *(Romano Guardini)*

Angesichts der Melancholie bewegen sich die klassische Psychiatrie und Psychologie in mittelalterlichen Denkschemata. Ausgehend von der schwarzen Galle des Hippokrates und der Galen'schen Theorie der Körpersäfte herrschte im gesamten Mittelalter die Doktrin, nach der Melancholie zur schwarzgalligen »Schwermuth« und damit eigentlich auch Sünde – acedia – wurde. Die Säftetheorie erscheint nun in verfeinerter Form in den »modernen« psychiatrischen Theorien. Die Körpersäfte werden allerdings biochemisch genauer aufgeschlüsselt, und die Forscher kommen schließlich im molekularen Bereich an, entdecken Transmitter-Substanzen und glauben, dass ein Mangel der Transmitter Serotonin, Noradrenalin und Konsorten die stoffliche Ursache des Traurigseins sei. Diese Forschungsergebnisse sind Begleiterscheinungen der Melancholie, aber sie sind nicht deren Ursache. Denn wenn die Melancholie-interessierten Biochemiker bei den nachdenklich-ernsthaften und tiefsinnigen Menschen zu wenig Serotonin finden, dann kann man nicht auf dieser Wissensebene stehen bleiben, sondern muss weiterfragen: Wer oder was bringt das Serotonin durcheinander? Und ist dieses Molekül vielleicht nur deshalb so wichtig, weil beim derzeitigen Stand der Wissenschaft gerade dieses Molekül und andere Transmitter sich gut erforschen lassen?

Wie im Mittelalter wird von den gängigen Psychopraktikern die Melancholie als Krankheit diagnostiziert – eine Krankheit, die es nicht gibt. Und ebenso wenig gibt es eine erforschbare individuelle Ursache der Melancholie, weder eine biochemische noch eine psychodynamische Ursache, denn die *Melancholie ist eine irdische Gegebenheit*, eine Gegebenheit wie das Meer, die Lebewesen, die Luft, der Überlebenswille oder die Liebe. Aber die psychiatrisch-psychologischen Diagnostiker geben nicht auf und machen aus der außergewöhnlichen Charaktereigenschaft der Melancholie diverse Formen angeblicher Krankheiten. Wenn die Melancholie als Problem gesehen werden soll, dann ist es ein philosophisches oder ein religiöses Problem, oder – ganz einfach – eine allgemein menschliche Angelegenheit. Die milliardenteure Neurotransmitter- und Psychopharmaka-Forschung erklärt bestenfalls einen Teil der stofflichen Äquivalenz der Melancholie, geht aber am eigentlichen Wesen dieses Phänomens vorbei. Und das eigentliche Wesen der Melancholie liegt in schwer greifbaren, para-realen, geistig-spirituellen Bereichen. Die Melancholie soll nicht psychiatrisch oder psycho-chemisch bekämpft werden, sondern in ihrem Wert erkannt und akzeptiert werden. Unfassbare Potenziale stecken in den melancholischen Menschen, doch viele Melancholiker werden nicht ernst genommen, man hört nicht auf sie und versucht gar, ihnen die Melancholie wie einen bösen Dämon auszutreiben.

Wenn die traurige Harmonie der Melancholischen zusammenstürzt, dann kann depressive Stimmung aufkommen. Nachdenklichkeit wird dann zu quälendem Grübeln, die melancholische Ästhetik des Traurigseins schlägt um in Verzweiflung, und nichts vermag mehr zu trösten, der Körper selbst wird als einzige Lähmung empfunden, und Angst steigert sich zur Panik.

Auch die Depression – gewissermaßen als Steigerung der Melancholie – ist nicht primär Krankheit, sondern ist (oft extrem belastende) Grenzerfahrung zwischen Leben und Tod. Menschen mit schweren depressiven Störungen bezeichnen sich oftmals selbst als krank. Dann erst kann der Begriff »depressive Krankheit« gebraucht werden. Und diese *depressive Krankheit ist klar abzugrenzen vom melancholischen Sein.*

Ein gesundes Maß an Sonnenstrahlen ist gut für Körper und Seele und fördert unser Wohlbefinden; zuviel Sonnenstrahlen verbrennen die Haut, bewirken Schäden und Schmerzen. Ähnlich verhält es sich zwischen Melancholie und Depression: Die Depression ist ein Zuviel, ein deutliches Zuviel an Melancholie. Damit ist aber erneut betont, dass der Melancholie nichts Krankes anhaftet. Wenn man auf den Begriffen »krank« und »gesund« besteht, dann ist die Melancholie – wie noch andere Befindlichkeiten – eine gesunde Art, in dieser Welt zu sein. Und immerhin werden etwa dreißig Prozent der mitteleuropäischen Bevölkerung den Melancholischen zugerechnet, in anderen Gegenden der Erde liegt der Anteil der Melancholischen etwas höher (vor allem in den nördlichen Ländern) oder etwas niedriger (in einigen südlichen Ländern).

Der Philosoph Martin Heidegger nannte die Melancholie eine »ausgezeichnete Charaktereigenschaft« (»ausgezeichnet« im Sinne von: aus dem Durchschnitt hervortretend). Melancholiker konfrontieren uns immer wieder mit den Schattenseiten der Erde. Und was im normalen Alltag mit Oberflächlichkeit übergangen wird, erreicht in der Melancholie Tiefsinn.

Nachdenklich- und Ernsthaft-sein, sich dem Grübeln hingeben und Angst empfinden, sich zurückziehen, an das Sterben denken und traurig sein – das sind Befindlichkeiten, die jeder von uns einmal kennen gelernt hat, unabhängig davon, welchen Grundcharakter er üblicherweise zeigt. Diese besinnlich-tiefgreifenden Befindlichkeiten werden bei Melancholischen zu einer Art Dauerzustand. Die melancholischen Charaktereigenschaften lassen sich gut erklären, weil sie die meisten Menschen – stark oder abgeschwächt – schon kennen gelernt haben.

Immer umhüllt ein Hauch von Traurigkeit die Melancholischen. Und Leidvolles beeindruckt nachhaltiger als Freude und Glück. Entscheidungen reifen lange. Sehr sensibel und feinfühlig verhält sich der melancholisch gestimmte Mensch seinen Mitmenschen gegenüber, und er ist auch überaus sensibel, was die eigene Person angeht. Eher warmherzig ist er, sehr zuverlässig, und von erlebten Ungerechtigkeiten lässt er sich eindringlich beeindrucken, was manchmal soziales Engagement zur Folge hat.

»Die Anatomie der Melancholie« heißt das mehrbändige Werk von Robert Burton, erschienen im 17. Jahrhundert. Im Geleitgedicht lautet sein Refrain über die Melancholie:

> »All other joys to this are folly:
> Non so sweet as melancholy.«*

Doch Burton wechselt zwischendurch zu einem anderen Refrain:

> »All my griefs to this are jolly:
> Nought so sad as melancholy.«**

Dies ist widersprüchlich, wie auch die Melancholie widersprüchlich sein kann: Man erlebt die melancholische Freundin oder den melancholischen Freund eines schönen Nachmittags überaus fröhlich, ja ausgelassen, zu Unsinnsspäßen bereit, Oberflächlichkeiten werden ausgetauscht und lustige Lieder gesungen, es wird viel gelacht und … eine Stunde später – was ist mittlerweile passiert? Niemand weiß es. Dieselbe Freundin / derselbe Freund, zuvor ausgelassen, fröhlich, sitzt jetzt zusammengekauert in der Ecke des Zimmers, abgedunkelt das Fenster, tränenverschmiert das Gesicht, ein Häufchen Elend in leiser, doch sichtbarer Verzweiflung … »Lass' mich alleine« wird der Hinzutretende abgewehrt … Aus einer lauten Lust wird – plötzlich – Herzweh und haltloses Weinen. Kennen Sie das auch?

> »Kennst du das auch, dass manches Mal
> Inmitten einer lauten Lust,
> Bei einem Fest, in einem frohen Saal,
> Du plötzlich schweigen und hinweggehen musst?

---

* All' andere Freuden sind, vergleichsweise, Dummheit / keine Freude ist so süß wie die Melancholie.
** All' meine Leiden sind, vergleichsweise, Freuden / Nichts ist so traurig wie die Melancholie.

Dann legst du dich aufs Lager ohne Schlaf
Wie Einer, den ein plötzlich Herzweh traf;
Lust und Gelächter sind verstiebt wie Rauch,
Du weinst, weinst ohne Halt – kennst du das auch?«

(Hermann Hesse, ›Kennst du das auch?‹)

Ist die Melancholie nun Privileg oder Fluch des Schicksals, innerer Höhenflug oder die Hölle auf Erden? Oder alles in einem?

Bei der zwanghaften Suche der Psychowissenschaften nach den Ursachen der Melancholie werden Transmitter-Defizite (angeblich zu wenig Serotonin) und die Melancholie fördernde Gene postuliert und so der (neo)materialistische Glaube genährt. Natürlich taucht da sogleich die Frage des Spielverderbers auf: Was steckt hinter den Materie-orientierten Erkenntnissen, was ist die Ursache der vemeintlichen Ursache? Vor dem Kosmisch-Unfassbaren versagen High-Tech-Labors und Kernspintomographen. Die Psychologen haben auf Grund ihrer Ausbildung weniger konkrete Wissenschaftsbereiche zu ihrer Verfügung, und so suchen sie nach – im weitesten Sinne – psychodynamischen Ursachen der Melancholie. Die Kindheit bietet sich an: Die Einflüsse und die diversen Traumata während der Kindheit werden dann überwiegend verantwortlich gemacht für das spätere Wesen der Persönlichkeit, also auch für das melancholische Wesen. Wenn man die Flut der angebotenen Psycholiteratur durchwühlt, hat man den Eindruck, dass es nur traurige und zerrissene Kindheiten gibt, seelische Verformung und sexuelle Ausbeutung, und diejenigen, die in ihrer Kindheit die Lieblinge der Eltern waren und entsprechend ihren Talenten gefördert wurden, gelten später als besonders neurotisch deformiert.

Natürlich prägt die Kindheit den Menschen, lässt Wesensbesonderheiten und antrainierte Reaktionen entstehen. Aber: Oft schon während der Kindheit und noch öfter während der jungen Erwachsenenzeit gestalten korrigierende Neuerfahrungen außerhalb des Elternhauses (Vorbilder, Freundschaften, persönliche Erfolge, Verliebtheiten etc.) das Wesen und den Charakter des Menschen, oftmals auf entscheidende Weise.

Weder die Erziehung im Elternhaus, noch nachfolgende korrigierende oder bestärkende Neuerfahrungen sind die eigentliche Quelle der Melancholie. Diese Einflüsse können das Herausbilden eines melancholischen Charaktertypus mitfördern, aber Ursache sind sie nicht.

Sicher erlernt jedes Kind, dass es letztendlich der Macht der Erwachsenen ziemlich hilflos ausgeliefert ist. Es spürt, dass es durch bestimmte Verhaltensweisen belohnt (liebevolle Zuwendung oder Schokoladeneis), und dass es für anderes Verhalten bestraft wird (strenge Blicke, Fernsehverbot oder gar Schläge). Ein Kind, das unter der Enge und Ungerechtigkeit der Erwachsenen leidet, wird sich schwer tun, die eigene kindliche Persönlichkeit zu entfalten und so zu sein, wie es sein möchte und nur sein kann. Ein Kind lernt schnell, sich den Widrigkeiten des Elternhauses zu entziehen, indem es sich traurig und verlassen in die eigene Innenwelt flüchtet und – vielleicht mit Musik und Büchern – in Träumen fortschwebt. Entsteht so die Melancholie? Sicherlich nicht. *Die Melancholie ist in jedem Menschen von Geburt an vorhanden, und während der Kindheit wird die Melancholie lediglich mitgeformt. Dabei kann ein Kind lernen, das Geniale an der Melancholie zu entdecken oder zu verdrängen oder die der Melancholie entgegengesetzten Fähigkeiten (extrovertiertes Sich-Durchsetzen, Aggression etc.) zu stärken ... oder die Melancholie als – göttliches – Geschenk zu achten.*

Mit dem ersten Atemzug gleich nach der Geburt verschaffen wir der Melancholie Eintritt in unsere Seele ... und mit dem letzten Seufzer im Sterbebett verlässt uns, traurig lächelnd für immer, die Melancholie.

Wie ein Kind mit einer Melancholie-gefüllten Seele die zusätzlichen Formungen durch das Elternhaus erlebt, beschreibt eindrucksvoll anhand der eigenen Kindheit der bereits zitierte Søren Kierkegaard, gewissermaßen ein professioneller Melancholiker:

»Das Furchtbare ist, wenn eines Menschen Bewusstsein von Kindheit an einen Druck erhalten hat, den alle Elastizität der Seele, alle Energie der Freiheit nicht heben kann. ... Ich war nie Mensch: Das war von Geburt an mein Unglück; und dieses Unglück wurde durch meine Erziehung erst recht mein Unglück. Wenn man aber Kind ist – und die anderen Kinder spielen, scherzen, oder was sonst sie tun; ach, und wenn man Jüngling ist – und die anderen Jünglinge lieben, tanzen oder was sie sonst tun: Da Geist zu sein, obgleich man Kind und Jüngling ist – fürchterliche Qual! Noch fürchterlicher, wenn man mit Hilfe seiner Phantasie das Kunststück versteht, auszusehen, als wäre man der Jugendlichste von allen! Dieses Unglück ist aber im 40. Jahre bereits geringer und ist in der Ewigkeit nicht mehr vorhanden.«

Man darf sich vorstellen, dass die Melancholie von Anfang an – wie die Instinkte – in den verschiedenen Lebewesen existent ist und wirkt.

Oder noch klarer: *Die Melancholie ist der spirituelle Instinkt,* der geistigen Hunger erzeugt und Lust gebiert auf Kontemplation und tiefe Gedanken. Die Melancholie ist ein göttliches Geschenk ...

In einem Gedicht von John Milton, einem der Wegbereiter des Melancholie-Kults im 18. Jahrhundert, heißt es:

»But hail thou Goddes, sage and holy.
Hail divinest Melancholy,
Whose Saintly visage is too bright
To hit the Sense of human sight ...«*

Alte und moderne Psycho-Pathologen bekämpfen das Göttliche in der Melancholie und machen aus der Melancholie eine maligne Krankheit. Diese Psycho-Techniker sind geradezu die Inquisitoren und Hexenverbrenner der Jetzt-Zeit.

---

* Heil aber dir, Göttin, Weise und Heilige. / Heil dir, du göttlichste Melancholie, /deren heiliges Antlitz zu prächtig-leuchtend ist, /um erfasst zu werden von den Sinnen menschlichen Auges ...

Die Melancholie genügt sich selbst in ihren Licht- und Schattenseiten. Und wir haben gesehen, dass die Melancholie »nach unten« als *Schwer*mut durchbrechen und in einer depressiven Wüste enden kann. Jedoch kann die Melancholie sich auch nach oben entflammen: Bislang stillgelegte künstlerische Potenziale und Träume, voll von ver-rückt guten Taten und kreativen Extravaganzen nehmen Gestalt an und werden machtvoll in die Realität gezerrt – »Manie« sagen die Psychiater, »bewundernswert phantastischer Tatendrang« sagen die Wohlwollenden. Wie immer man es sieht: In manch melancholischem Menschen steckt ein Feuer, das, wenn es niedergedrückt wird, sich zum Schwelbrand der Depression ausformen kann ... das aber auch zum mächtigen Auflodern gebracht werden kann, zum hochlodernden Feuer der so genannten Manie ... Da sich die meisten »Maniker« nicht als krank bezeichnen, ist auch die Manie eine – meist glücklich erlebte – gesunde Befindlichkeit des Menschen. Die Konflikte und Krisen, die während eines manischen Tatendrangs auftreten können, sollten als individuelle oder soziale Probleme angegangen werden und nicht als Krankheits-Symptome.

Das Spektrum der menschlichen Stimmungen ist breit, es reicht von deprimierter Schwermut über Melancholie bis zur ausgeflippten Hyperaktivität des »Manikers« ... vom Genie, das in stille Schönheit und bittere Wonnen versinkt, bis zum Genius, der Hyperphantastisches, bizarr-Ver-rücktes macht und den Grenzbereich zwischen Genie und Wahnsinn überschreitet ...

Die Psychowissenschaftler haben mit ihrem engstirnigen Normalitätsbegriff den geklonten Einheitsmenschen bereits vorweggenommen. Als normal gilt, wer nicht auffällt, wer sich in die bestehende staatliche und familiäre Ordnung einfügt, wer in den immer komplexeren Lebens- und Arbeitszusammenhängen optimal und pflegeleicht funktioniert, seine Krisen still und lautlos überwindet, ohne Sand ins Getriebe des gesellschaftlichen Lebens zu streuen.

»Vielleicht, wenn ich Flügel hätte,
über den Wolken zu fliegen,
die Sterne zu zählen, einen nach dem andern,
oder als Donner von Berg zu Berg zu wandern,
wäre ich glücklicher, meine geliebte Herde,
könnte ich glücklicher sein, schneeweißer Mond.
Vielleicht auch, wenn ich die Wahrheit verfehle.
Vielleicht ist jede Seele,
ob in der Höhle, ob in der Stube geboren,
am Tage, der sie zur Welt bringt, schon verloren.«

(Giacomo Leopardi: ›Nachtgesang eines Hirten‹)

Eigentlich sind auch die Melancholischen angepasst, still verrichten sie ihre diversen gesellschaftlichen Funktionen. Doch allein schon der melancholische Tiefgang und das ruhige, beständige Hinweisen auf die Abgründe der Welt stören die oberflächliche Dauer-Heiterkeit des für alle vorbildlich strahlenden show-masters.

Freuen wir uns doch, dass die Natur den Menschen mit einer breiten und bunten Palette seelischer Befindlichkeiten ausgestattet hat. Wild wachsende Triebe bringen Abwechslung in das ansonsten so langweilige Gehege der braven Spalierbäumchen.

Um einen noch größeren Überblick zu geben über die vielfältigen Fassetten der melancholischen Existenz, seien ihre besonderen Eigenschaften nachstehend gesammelt dargeboten. Wenn Sie wollen, dann nehmen Sie einen Stift und markieren diejenigen Eigenschaften, die Sie an sich zu entdecken glauben; gehen Sie dabei bitte großzügig und freundlich mit sich um:

Facetten der menschlichen Melancholie

ernst, tiefsinnig, introvertiert
überwiegend ruhig wirkend
nachdenklich und manchmal gar grüblerisch
eher ordnungsliebend
sanft, sozial mitfühlend bis mitleidend
sensibel gegenüber sich und anderen
lange überlegen müssen, besonnen und zuverlässig sein
vom Negativen oft mehr beeindruckt als vom Positiven
natürlicher, beinahe gelassener Umgang mit dem Tod
manchmal Todessehnsucht
Neigung zu schwermütiger Betrachtung der Welt-als-Ganzes
oftmals jammern und schlechte Laune zeigen
eher nicht im Mittelpunkt sein wollen (aber dies können)
immer wieder Angst haben, leichte oder große Angst
manchmal stille Panik
Gefühle von Heimatlosigkeit und Einsamkeit
in Beziehungen sehr auf den anderen eingehend
gefühlvolle bis hinschmelzende Erotik
Sexualität, die auch selten sein darf, doch dann zärtlich ist
künstlerische Fähigkeiten zeigen oder stilles Kreativ-Sein
sich mitteilen in der wortlosen Sprache des Herzens
die einsamen Wege des Genies erahnen
abwechselnd leidenschaftlich oder niedergeschmettert
spirituell manchmal mystisch-romantisch ausgerichtet
vor dem Handeln oft langes Nachdenken
auch trauriges Glück empfinden können
gezügelte Freude und verschleierte Euphorie
das Geheimnis des Jenseitigen fühlen und ahnen
dem Wahnsinn lächelnd begegnen
Tränen der Trauer und Tränen der Wonne vergießen
sich der Kontemplation hingeben
in Musik und Poesie versinken
leben in Leiden und Leidenschaft
immer in Gedanken sein
Sehnsucht nach Harmonie und Liebe

Der Mensch ist nicht ehern festgelegt durch seinen Charaktertypus, selbst der Schwermütigste wird einmal laut lachen, herumtollen oder aggressiv werden oder – entgegen seiner Gewohnheit – auch einmal eine überraschend spontane Entscheidung treffen. Und umgekehrt kann ein immer fröhlicher Tausendsassa in Traurigkeit und Verzweiflung geraten, hoffnungslos jammern, wenn familiäre oder berufliche Katastrophen über ihn hereinbrechen. Welch große Bandbreite menschlicher Temperamente uns offen steht, das zeigt schon ein Säugling: Freudiges Quietschen kann augenblicklich übergehen in laut-unglückliches Weinen oder in zorniges Strampeln. Und plötzlich wird wieder jegliches Schauspiel beendet: Die Augen schließen sich, und sanft nimmt Morpheus, der Gott der Träume, das kleine Wesen in seine Arme.

Mit dem Größer- und schließlich Erwachsenwerden verengt sich das einst breite Spektrum psychischer Befindlichkeiten, und ein dominierender Grundcharakter tritt immer deutlicher zu Tage. Schon die alten Griechen unterschieden mehrere Formen des Temperaments: heißblütig-aufbrausend, bedächtig-langsam, sprunghaft-heiter, schwerblütig-zurückgezogen-ernst (= melancholisch). Natürlich sind mittlerweile eine Vielzahl von Typologien geschaffen worden. Praktisch für die persönliche Selbsteinschätzung ist die folgende Typologie, die sieben verschiedene Typen wiedergibt:*

Sieben verschiedene Charakter-Typen

1. die / der Impulsive

aktiv-impulsiv / schnell bis hektisch (im Denken und Handeln) / sehr wach / optimistisch / motorisch sehr aktiv (mit Neigung zu innerer Unruhe) / unternehmungslustig / sehr arbeitsam, sehr leistungsfähig / leicht erregbar (manchmal Neigung zu Angst- und Panikreaktionen), manchmal aggressiv / Beruf meist wichtiger als anderes / leistungsorientiert (auch in Beziehungen) / emo-

---

* Modifiziert und erweitert aus: J. Zehentbauer: Abenteuer Seele. Düsseldorf 2000

tional eher verschlossen / dauernd neue Ideen / eher extrovertiert, auch gern im Mittelpunkt stehend

2. die / der Heitere

heiter, unbeschwert / meist gut gelaunt, optimistisch, freundlich / lebhaft (auch motorisch lebhaft, aber selten hektisch) / Emotionen zeigend (laut lachen oder heftig weinen) / sehr wach / gesund wirkend / sozial orientiert, häuslich, kinderlieb / Familie oder Beziehung wichtiger als Beruf / kann im Mittelpunkt stehen, strebt aber nicht unbedingt danach / manchmal oberflächlich wirkend / Kritik wird als Majestätsbeleidigung empfunden / sieht sich selbst als sehr nett und vorbildlich für andere / bisweilen auch »hysterisch« reagierend / das Leben genießend / überwiegend angenehm für die Mit-Menschen

3. die / der Melancholische (siehe Seite 40)

4. die / der Verträumte

gleichmütig, verträumt / gelassen / introvertiert, eher ruhig wirkend / selten große Aufregung / Neigung zu stillem, ›laschem‹ Glücklichsein / manchmal verträumt wirkend / möglichst keine Verantwortung übernehmen, sich nicht festlegen wollen (auch nicht in Beziehungen) / eher nichts tun oder wenig tun (eher widerwillig arbeiten): sich treiben lassen im Fluss des Lebens, sich verwöhnen lassen / ichbezogen / schwer »nein« sagen können / gern träumend und ein wenig verträumt auch durchs Leben gehend

5. die / der Sinnenfrohe

egozentrisch, sinnenfroh / sehr subjektiv / berufliche Arbeit ist nicht im Mittelpunkt, dennoch aktiv / das Leben genießend / verschmust, sinnlich, »sexy« / eher überdurchschnittliche sexuelle Lust / lebhaft und freudig, optimistisch / fürsorglich wirkend / sehr auf Beziehungen bezogen, Nest bauen wollen (aber dabei nicht unbedingt »treu« sein wollen) / sensibel (vor allem was die eigene Person betrifft) / kinderlieb / zeigt sich und Emotionen durchaus auch gern in der Öffentlichkeit / weiblich wirkend, bzw. bei Männern: sanfte, weibliche Eigenschaften / narzistisch / Verwöhntwerden eher als Selbstverständlichkeit empfinden

6. die / der Genial-Ver-rückte

phantasievoll, eindrucksvoll, voller ver-rückter Ideen (bis in den

Grenzbereich: Genie und Wahnsinn) / kaum berechenbar / künstlerisch lebend im weitesten Sinne (auch als »Lebenskünstler«) / gern auch Einzelgänger (was Beziehungen nicht ausschließt) / starke emotionale Schwankungen in kürzester Zeit / unangepasst / Neigung zur Selbstüberschätzung (bis Größenwahn) / spirituelles Interesse eher an bizarr-Okkultem oder Privat-Philosophie / zeigt wenig Emotionen / Neigung, in verschiedenen Realitäten zu leben (manchmal verschwimmt dabei die Grenze zwischen Traum und Wirklichkeit) / motorisch eher aktiv / sehr subjektiv / für Mit-Menschen oft schwer begreifbar

7. die / der Rationale

rational, korrekt / ausgeglichen, eher ruhig wirkend, oft nachdenklich / gut im Denken / ordnungsliebend (bis zwanghaft) / Arbeit wird pflichtbewusst erledigt / finanziell umsichtig bis sparsam / kopfbetont / oft gut im Umgang mit Worten / etwas distanziert gegenüber anderen, aber freundlich / sexuell eher zurückhaltend (dennoch sexuell gut »funktionierend«) / zeigt wenig Emotionen / in der Öffentlichkeit intellektuell überlegen wirkend (trotz manchmal auftretender innerer Unsicherheit) / die gesellschaftliche (objektive) Meinung ist wichtig, festes Konzept / falls spirituell ausgerichtet, dann sehr überzeugt von einer bestimmten Religion, Kirche oder anderen spirituellen Organisationen / sehr realitätsbezogen, korrekt / selbstkritisch und kritisch gegen andere / motorisch zurückhaltend, manchmal angespannt / zuverlässig

Aus dieser Übersicht der Typologie des Menschen wird ersichtlich, dass der Typus des Melancholischen einer unter mehreren anderen Typen ist, nicht besser oder schlechter, nicht kränker oder gesünder als andere.

Wenn Sie wollen, dann können Sie obige Typologie durchforsten und die Eigenschaften markieren, die auf Sie zutreffen: Sie werden merken, dass Sie sich bei einem oder zwei (selten bei drei oder gar mehr) Charaktertypen wiederentdecken ...

Wofür dient dieses Spiel?

Wenn Sie in Ihrem Grundcharakter melancholisch sind, aber manchmal – etwa im Beruf – nicht als tiefsinnige Tristezza auftreten wollen, so mag Ihnen Ihr »Zweit-Charakter«, zum Beispiel die Rationale oder der Impulsive, hilfreich sein: *Aus dem Melancholisch-Sein heraus lässt sich gewissermaßen »per Knopfdruck« eine andere Persönlichkeit einstellen,* beispielsweise eine vernunft-betonte (der rationale Typ) oder eine optimistisch-impulsive Persönlichkeit (der impulsive Typ). Das ist erlernbar (siehe Seite 175 ff.). Dann können die Probleme, die der Melancholische in unserer Gesellschaft hat, oftmals fabelhaft umgangen werden. Sofern der Melancholische dies will. Nicht wenige Melancholische vollziehen so einen ›Wechsel in eine andere Persönlichkeit‹ bereits ›automatisch‹.

Nicht selten hat ein völlig in Melancholie versunkener Mensch »vergessen«, dass da noch ganz andere Fähigkeiten und Quellen in ihm schlummern. Mithilfe von wohlwollenden Freunden – oder auch mit Hilfe eines Therapeuten – kann man diese ruhenden Potenziale entdecken und (wieder) mobilisieren. Hat unter der Regentschaft der Melancholie der – beispielsweise – ursprünglich auch vorhandene Typus des Sinnenfrohen an Terrain verloren, so lässt sich dieser sinnenfrohe Typus, dieser egozentrische, sinnlich-zärtliche, das Leben genießende Persönlichkeitsanteil in einem förderlichen Ambiente wieder zum Leben erwecken, beim ungezwungenen Zusammensein mit Freunden, beim Flirten, Tanzen, Sich-umarmen, beim Spiele- oder Liebemachen, bei Pop-Konzerten oder … Der sinnenfrohe Typus kann zeitweise reanimiert werden, ohne dass die Melancholie grundsätzlich weichen muss.

Aber: Was ist mit jenen Menschen, die »nur« über den einen, den melancholischen Charaktertypus verfügen?

Dies ist kein Grund zur Betrüblichkeit, sondern eine Auszeichnung! Wer von Kopf bis Fuß und in allen Winkeln seines Herzens melancholisch-melancholisch ist, bringt das Melancholische mit viel schwerer, dunkler Energie in all die Bereiche, in die er sich begibt. Dabei stellt »dunkle Energie« nichts Negatives dar, denn, wie bereits erwähnt, Dunkel und Hell ergänzen einander und können ohne das jeweils andere nicht sein. Wer durch seinen Charaktertypus »melancholisch-melancholisch« ist, der ist hoch-spezialisiert auf allen Gebieten der traurigen Sinnlichkeit, der kennt die stille Muße, die Schönheit der Trauer, der war schon im Totenreich zu Besuch und hat an das Tor zum Jenseits geklopft. Schwarze Sonnen durchwärmen sein Gemüt und machen ihn zum (nicht immer gesprächigen) Berichterstatter des Ewigen.

Der rumänische Philosoph E.M. Cioran:

> »Wer nicht spürt, dass er *zu Grunde* geht – selbst dann, wenn er arbeitet und schöpferisch schafft, ob er Notar ist oder Genius –, begreift nichts vom spezifischen Wesen des menschlichen Schicksals, und jene, die den unwiderstehlichen Sog der Heimsuchung, des wesenhaften Abgleitens, des hin zum Abgrund Wachsens nicht kennen, haben die Bestimmung beileibe nicht erlangt, zu der sie auserkoren sind.
>
> Eigentlich *sterben* nur jene Menschen, denen die Versuchung des fruchtbaren Eintauchens fremd ist ... Die andern haben alles hinter sich, vor allem das Ende.«
>
> *(aus: ›Gedankendämmerung‹)*

Von der Familie, die »ihren« Melancholiker nicht versteht, oder von Freunden kommen immer wieder wohlgemeinte Rat-Schläge für den melancholischen Menschen. Solche Rat-Schläge sind tatsächlich wie Schläge, Schläge auf die verwundbare Seele. Sie fordern vom Melancholischen ein Anders-Sein: »Schau doch nicht immer so traurig, es ist doch gar kein Grund da«, »Geh' doch raus in die Sonne und mach' was Schönes«, »Zieh dich doch mal ein bisschen sexy an«, »Komm' doch mit auf die Grillparty, das wird lustig« ...

Für den Melancholischen ist es wichtig – wie für jeden anderen Menschen auch –, dass er so akzeptiert wird, wie er ist, so gemocht wird, wie er sich zeigt. Ein Ändernwollen oder Negativbewerten des Melancholischen vermehrt die Konflikte eines solchen Menschen oder gibt solchen Konflikten überhaupt erst Nahrung.

»Ich lieb' dich trotz deiner Melancholie« ist kein Kompliment, wohl aber: »Ich liebe dich, weil du so bist, wie du bist ...«

Wenn der Melancholische weitgehend im Einklang mit der

Natur leben kann, kann er sein trauriges Glück mehr spüren,
denn die Natur ist voll von blühender Melancholie ...: die Ei-
che, die Schwermut mit Stärke verbindet ... das Johanniskraut
mit scheuem, traurigem Blinzeln ... die untergehende Sonne
und nachts die Sterne als Verkünder des Jenseitigen ... Die wenigsten leben inmitten der Natur, das Gros lebt in Städten, wo
als moderner Lifestyle das Gegenteil der beschaulichen Tristezza präsentiert wird: Genussfreuden und wechselndes modi-
sches Design, strahlender Optimismus und unbegrenzt lächelnde Leistungsfähigkeit, verbunden mit Jung- und Dynamisch-
Sein, sportlich und braungebrannt, natürlich mit Sexappeal.
Zwar werden nur nichtssagende Lustigkeiten ausgetauscht,
aber dafür bleibt man scheinbar glücklich. Die modernen Exponenten im Zeitalter des Konsumismus zeigen sich in der
Werbung. Sie ersetzen die Vorbilder aus Religion oder (vergangener) sozialistischer Ideologie. Models, die so schön sind, als
seien sie extra für das Vorzeigen geklont, Sportstars, Schauspieler und Talkmaster vervollständigen die Crew der Vorreiter einer rundum glücklichen Lachgesellschaft. Wehe demjenigen,
der diese irdischen Sterne am künstlichen Himmel des Showbusiness nicht kennt. Derjenige hat's besonders schwer, der am
Rande dieser Glitzerwelt mit No-future-Miene alles infrage
stellen will, der sich nicht »schickimicki« gibt im aktuellen Ar-
mani- oder Lagerfeld-Style, sondern Jahr für Jahr schwarze
(aber durchaus schicke) Kleider trägt oder unauffällige (aber
natürlich gepflegte) Jeans, immer im diskreten, tiefsinnigen
Charme der Melancholie.

Die innere Leere der modernen Konsumismus-Gesellschaft
kann vollgestopft werden mit glänzenden Waren und Last-Mi-
nute-Flügen nach Mallorca. Und notfalls gibt es noch den bunten Psycho-Markt im Angebot, wo emotionale Wärme und
Empathie als Waren gehandelt werden – die jeweiligen Trainer
werden wie Psycho-Prostituierte für ihre Zuwendung bezahlt.

Doch was macht der Melancholische, wenn er seine innere
Leere spürt? Oder wenn gar Depressives in seine Seele kriecht
oder wenn – an Stelle der Seele – der Körper depressiv reagiert

und ein ausgewähltes Organ krank wird (Blasenentzündung, Asthma, Hörsturz oder Migräne oder …)? Bei dieser Art von körperlichem Krank-Sein sprechen die Mediziner von larvierter, also verborgener Depression. Wenn die Melancholie ins Depressiv-Sein abstürzt, ist dies für den Betroffenen selbst merkbar und für andere sichtbar. Wenn aber die Verletzungen weniger die Seele, als vielmehr den Körper heimsuchen, dann ist dieser Vorgang nicht immer leicht zu erkennen. Eigentlich steckt – vereinfacht gesagt – hinter einer solchen psychosomatischen Störung die Verleugnung des melancholischen Charaktertypus. Deshalb ist es so wichtig, dass der Melancholische weiß, dass er melancholisch ist – wie es wohl für jeden Menschen bedeutend ist, zu wissen, wer er ist.

Die Melancholie will gelebt und gepflegt, nicht verleugnet werden. Sonst bricht sie wie ein Aufschrei an irgendeiner Stelle der Existenz durch, und sei es in einem Körperorgan. Die Melancholie will Raum nehmen, will freundlich empfangen werden und will manchmal ein sehr feierliches, besinnliches Fest, im Kerzenschein oder unter dem Sternenhimmel, mit bitterer Wonne und genussvoller Sehnsucht im Herzen. Ein solches Fest kann all-einig oder mit ausgewählten Gästen zelebriert werden.

Wenn der Melancholische die Momente im Leben verpasst, in denen seine innere Lebensenergie zum spirituellen, künstlerischen oder schöpferischen Durchbruch drängt, dann stürzt er – als würde sich eine Falle auftun – in ein depressives Loch. Der schöpferische Durchbruch muss nicht spektakulär oder extrovertiert sein, er ist sogar meist ein tief individuelles, ja leises, geheimnisvolles Erlebnis, ein kleines inneres Aufleuchten, das anderen schwer zu vermitteln ist. Bei religiös orientierten melancholischen Menschen kann ein solches »inneres Aufleuchten« in einer Andacht, beim Singen, im Gebet geschehen, bei anderen geschieht dieses »innere Aufleuchten« beim Schreiben eines besonderen Briefes, angesichts etwa eines Naturereignisses, inmitten rauschender Musik, im Augenblick berührender menschlicher Begegnungen.

»Regenbogengedicht,
Zauber aus sterbendem Licht,
Glück wie Musik zerronnen,
Schmerz im Madonnengesicht,
Daseins bittere Wonnen ...

Blüten vom Sturm gefegt,
Kränze auf Gräber gelegt,
Heiterkeit ohne Dauer,
Stern, der ins Dunkel fällt:
Schleier von Schönheit und Trauer
Über dem Abgrund der Welt.«

(Hermann Hesse: ›Kleiner Gesang‹)

Unsere Individual-Seele ist nicht nur das Tor zur Innenwelt, sondern darüber hinaus das einzige Fenster, durch das wir die universale Welt, das Kosmische schauen können. Dies gilt für jeden Menschen, doch der Melancholische erfasst auf natürliche Weise, durch die Struktur seines Seins, dass die Individual-Seele mit all ihren Fassetten der einzige »geistige Teil« des Kosmos ist, der uns unmittelbar zugänglich ist und kosmische Erfahrung ermöglicht.

Sei gegrüßt, Heilige Melancholie

Die Melancholie muss nicht therapiert werden – im Gegenteil: Die Melancholie ist Therapeutikum. Und die heilsamen Wege der Tristezza sind vielfach und verschlungen.

Dass Leiden eine profunde Quelle individueller Produktivität sein kann, zeigen von alters her die Künstler – ob Poeten, Musiker, Maler oder Lebenskünstler. Doch da ist ebenso – auch schon von alters her – eine stille, manchmal introvertierte Kreativität, die sich im Nachdenken, im reflektierenden Empfinden erschöpft, im besinnlichen Umgang mit anderen, in der verschleierten Schönheit der Liebe. Und um innere Ruhe und Ausgeglichenheit zu finden, kann sich der Melancholische mit dem Leiden versöhnen und die Versuchung des Transzendenten spüren ...

Nicht die Melancholie ist negativistisch, sondern negativistisch sind die medizinisch-psychologischen Beschreibungen. Vergessen schien früh der Satz des Aristoteles über die Melancholiker als »außergewöhnliche Menschen«. Negativ gefärbte Theorien über die Melancholie wurden zuhauf in die Welt gesetzt. Es entstand eine inzwischen mehr als 2000 Jahre alte Verleumdungskampagne von Hippokrates (4. Jh. v. Chr.) mit seinem Übermaß an schwarzer Galle im Gehirn zu den Galen'schen Körpersäften (2. Jh. n. Chr.), dann zu ersten psychologisch-pathologisierenden Versuchen des Aretaeus von Kappadozien (auch 2. Jh.) bis hin in die Neuzeit mit den Erkenntnissen der Herren Kraepelin und Konsorten ...

Solche pathologisierend-negativistischen Psycho-Theoretiker beschmutzen den sanft leuchtenden Mantel der Melancholie und sprechen von Krankheit, wo keine ist.

Nicht jedes Leiden ist Krankheit. Doch das verstehen Psycho-Theoretiker nicht und auch nicht die Psycho-Praktiker. Man muss es ihnen vorbuchstabieren: Leiden ist keine Krankheit, *Leiden gehört zum Leben!*

Wenn Millionen Menschen leiden, dann heißt das nicht, dass diese Millionen individuell therapeutisch behandelt werden müssen, damit sie nicht mehr leiden. Millionenfaches Leiden schreit nach Beachtung!

Dennoch darf die Melancholie auf Erden nicht im Leiden versinken, denn Bedeutendes und Hohes hat die Melancholie – als Gesamt-Erscheinung – noch zu bieten.

> Aus der schwarzen Tränenschale trinke
> Weisheit, hohen Ernst und stillen Gram
> ...
>
> *(Gotthold Friedrich Stäudlin: ›An die Schwermut‹)*

Johannes Caspar Lavater spricht in seinem Werk »Physiognomische Fragmente zur Beförderung der Menschenkenntnis und Menschenliebe« über »eine erhabene, sanfte und tiefsinnige Melancholie. Diese Gemütsverfassung ist wirklich die unzertrennlichste Gefährtin des Genies.«

Doch auch das Geniale, das aus der Melancholie entspringt, scheitert an der letztendlichen Absurdität des Lebens. Da ist eine unüberbrückbare Schlucht zwischen der melancholischen Sehnsucht nach Harmonie und Klarheit und dem irrationalen, absurden Zustand der Welt.

Der Terminus des »absurden Menschen« von Albert Camus könnte auch durch den Terminus des »melancholischen Menschen« ausgetauscht werden. Die immer jung gebliebene Melancolia, eine Signorina, hat einen rational denkenden älteren Bruder: die existenzialistische Philosophie, zu der auch Albert Camus gehört. Dazu aus seinem Werk »Der Mythos des Sisyphus«:

> »Der absurde Mensch ahnt so ein glühend heißes und eiskaltes, durchsichtiges und begrenztes Universum, in dem nichts möglich, aber alles gegeben ist und jenseits dessen der Zusammenbruch und das Nichts liegen. Nun kann er sich dazu entschließen, das Leben in einem solchen Universum anzuerkennen und aus ihm seine Kraft zu gewinnen, seinen Verzicht auf Hoffnung und die eigensinnige Bekundung eines Lebens ohne Trost.«

Der englische Poet Thomas Warton (18. Jh.) schwärmt in seinem Gedicht »The Pleasures of Melancholy« schon in der ersten Zeile: »Mother of musings, Contemplation sage ...« (Mutter der weisen Betrachtung, Schöpferin des Kontemplativen). Der Melancholische sehnt sich danach, dem Absoluten zu begegnen – in Wahrheit, Schönheit und Liebe. Doch reißt wieder einmal die Kluft auf zwischen dem real erlebten Zustand und dem herbeigesehnten Traum. In dieser Kluft gedeihen existenzielle Entfremdungserscheinungen und Leiden. Wehmut und Trauer werden so noch verstärkt, und die Melancholie wird noch größer.

> »Abenddämmerung liegt auf meinem Garten
> und ich blicke mit bewölktem Sinn,
> meinen müden Kopf gelehnt am harten
> Fensterrahmen, wie auf Gräber hin
>
> Gegenwart! – ach, meine Blicke finden
> keine Blüten! – Nimm die Huldigung,
> Du – ich will mir welke Kränze winden –
> Himmelstochter, o Erinnerung!«
>
> *(Sophie Merreau: ›Schwermut‹)*

Sei gegrüßt, Heilige Melancholie?

Hinter den heiteren Fassaden des gegenwärtigen Konsumismus, mit all den Unterhaltungs- und Zerstreuungsszenarien, da gedeihen auch tiefgründige Langeweile, Trübsinn, Einsamkeit und Weltschmerz. Extreme Diskrepanzen und Distanzen gibt es zwischen dem Millionen-Deal an der Börse und dem Sozialhilfe-Sold, zwischen dem protzenden Reichtum der nördlichen Industriestaaten und den verhungernden, hohläugigen Kindern in Eritrea, zwischen Badefreuden oder Skiparadies und den hundert kleinen und großen grausigen Kriegen, die ständig auf Erden wüten, und in denen sich die Menschen gegenseitig niedermetzeln.

Von all dem sind wir – als moderne Menschen – Zeugen und live dabei durch die Flut der dokumentarischen Bilder in Fernsehen und Presse.

Die Melancholischen leiden unter diesen Diskrepanzen. *Und wiederum wird deutlich: Dieses psychische Leiden ist keine Krankheit, sondern dieses Leiden, das aus der Melancholie entspringt, ist adäquate Reaktion auf das, was uns umgibt.* Es wächst die Melancholie, und es wächst das melancholische Unbehagen an den sozialen Gegebenheiten, das Unbehagen am Sinn-losen Alltag und am Fehlen von spirituellen Orientierungen.

Das melancholische Leiden hat eine zweifache Quelle: Eine befindet sich tief im Innern des melancholischen Individuums, die andere nährt sich aus der Wahrnehmung der höllengleichen Qualen, die uns umgeben, und für die es keinen Trost und kein Vergessen gibt.

Sei gegrüßt, Heilige Melancholie …?

Es geht nicht darum, den Schmerz, den wir in der Melancholie spüren, zu lindern, sondern ihn mit verzweifelter Bereitschaft anzunehmen. Die Verzweifelten oder die Mutigen (was vielleicht dasselbe ist) steigern gar den Schmerz und lassen den Stachel noch tiefer ins Herz bohren, bis aus tiefster Seele ein Schrei zum Himmel tönt. Der Schrei verklingt, und der Kampf mit der Wirklichkeit dieser Welt und des Kosmos ist verloren … ist er wirklich verloren? Vielleicht sollen wir gar nicht kämpfen, sondern uns bescheiden einfügen in die Geschehnisse der Erde und des Kosmos und danach streben, leidvolle Ungleichheiten zwischen den Menschen und gegenüber anderen Lebewesen zu mildern, mittels unserer individuellen Kraft, die wir als Geschenk erfahren.

Kraft wird uns gegeben aus der Natur des Seins, gespeist vom Göttlichen oder Kosmischen oder … dem heiligen Alles oder dem heiligen Nichts …

Vielleicht ist das Nichts die einzige Realität, und die Verzweiflung der vorläufige Ausweg. Der ›absurde Mensch der Gegenwart‹ und der ›melancholische Mensch der Gegenwart‹ haben vieles gemeinsam, so auch das Reflektieren über den Sinn oder den Nicht-Sinn des Lebens. Nochmals Albert Camus:

»Ich weiß nicht, ob diese Welt einen Sinn hat, der über mich hinausgeht. Aber ich weiß, dass ich diesen Sinn nicht kenne, und dass ich ihn zunächst unmöglich erkennen kann. Was bedeutet mir ein Sinn, der außerhalb meiner Situation liegt? Ich kann nur innerhalb menschlicher Grenzen etwas begreifen.«

Was soll also das Ganze ... leben, lieben, leiden – wofür? Warum?

Das Verlangen nach dem absoluten Wissen, nach absoluter Klarheit, ist beim Melancholischen mit dem tragischen Bewusstsein verbunden, dass dieses Verlangen vergeblich ist.

»Das höchste Paradoxum des Denkens ist, dass es etwas entdecken will, das es nicht selbst denken kann« – so formuliert Kierkegaard, der letztendlich auch ein absurdes Leben führte.

In dem Nichterlangen glimmt ein Gefühl des Verlustes, der Schmerz des vereinsamten, der sich vermischt mit unstillbarer Wehmut.

Sei gegrüßt, Heilige Melancholie ...

Die Melancholie sei Therapeutikum – so hieß es eingangs.

Die melancholische Freude ist Balsam für die Wunden der Seele. Und die kleinen und großen Blumen der traurigen Freude blühen bescheiden am Wegrand ... Sie freuen sich, wenn sie entdeckt werden.

»In hilaritate tristis: in tristitia hilaris« (in der Freude lebt Trauer, in der Trauer auch Freude) – diese Worte stammen von Giordano Bruno, der wie so viele andere geistige Rebellen auf dem Scheiterhaufen verbrannt wurde. Und dennoch überdauern seine Worte.

Die Melancholie als Therapeutikum? Auch die melancholische Affinität zum Absurden hat – seltsamerweise – einen Hauch von Heilsamsein, weil Klarheit, wenn auch resignierende Klarheit, vermittelt wird. Der absurde Mensch – wie der Melancholische – spürt sich immer wieder losgelöst von allem, was im Alltag wichtig scheint, und richtet seinen Blick auf den Tod. Der Tod – Inbegriff des Absurden und Inbegriff der Melancholie – zerstört und bringt gleichzeitig Befreiung. Dem Tode zugewandt fühlt man sich dem eigenen Leben gegenüber wie ein Fremder, der in einem Haus wohnt, das ihm nicht gehört. Sowohl der absurde wie auch der melancholische Künstler oder Lebens-Künstler flieht aus dem alltäglichen Trott der Konserven-Menschen, die in ihr eigenes Sein eingesperrt sind. Die Flucht des (Lebens-)Künstlers ist gewissermaßen ein erster Schritt zu einer absurden oder melancholischen Freiheit, die allerdings kein Ticket hat zum Eintritt ins Paradies. Und dennoch wird aus der Illusion erlebbare Realität. Mit der absurden oder melancholischen Freiheit öffnen sich wenigstens die Gefängnistore, doch setzen dann nicht etwa Jubel und Freude ein, sondern Nachdenklichkeit, Angst und – eine höhere Form von Sehnsucht.

Das Absurde ist nicht fassbar und letztendlich von trostloser Nacktheit, es überfällt einen immer wieder mit einem Grauen, das Hoffnung nicht zulässt. Das Gesagte gilt auch für die Melancholie. Doch die Melancholie zeigt sich auch anders, denn die Melancholie ist eine Frau, eine schöne, traurige Frau mit gesenkten Augen und mit verzweifelter Freude im Herzen. Da hebt die Melancolia für einen Augenblick ihr Antlitz und lächelt einsames Glück, nichtwissend, aber ahnend, in welchen Farben und Klängen die Ewigkeit überdauert …

Bin ich depressiv?

»Es ist Abend geworden.
Gequält von welker Sehnsucht schleppe ich mich
bald durch Wälder, bald über eine Wiese.
Schwermut ist in meiner müden Seele,
Schwermut – wohin ich auch schaue.
Es hat angefangen zu regnen,
und der Donner wird bald erdröhnen.«

(Nikolaj Alekseevič Nekrasov)

Wenn das sanft auf dunkler See schaukelnde Boot der Melancholie durch eigene Unachtsamkeit oder durch einen heranbrausenden Sturm kentert, so fällt man in das Tränenmeer und sinkt tief und schwer in ein dunkles Sein der Trostlosigkeit. Im Tränenmeer der Depression überleben – tief unten – manche erstaunlich lang, doch irgendwann kommt es zur lange bedachten Entscheidung: sich wieder mit letzter Kraft nach oben strampeln und Zuflucht suchen im vormals verlassenen, hoffentlich noch seetüchtigen Boot ... oder ... sich wie ein Schiffbrüchiger von anderen retten lassen, falls überhaupt eine Rettungsmannschaft in Sicht ist ... oder ... bedächtig immer tiefer sinken und mit müder Ausdauer überleben, solange die eigenen Reserven reichen, bis man sich schließlich – verzweifelt oder erleichtert – der fernen, ewigen Stille hingibt ...

»Steinernes Meer und Kieselwogen.
Wind, der du im Drüberwehn
...
lässt durch die Felsen ein Zittern gehen,
im Marmor die Seele des Meeres erstehn ...
Grüner Schiffbrüchiger, der aus dem Unendlichen
du tauchst ein ins Herz des Granits:
toter wird dein Tod sein
als alle Tode.«

(Alberto Savinio: ›Tutta la vita‹)

Das weite Reich der Melancholie scheint durch die Marksteine des Todes begrenzt. Jedoch lässt sich die Melancholie nicht in Grenzen zwingen, sie verbreitet sich im Diesseits und Jenseits, allenfalls zeichnet der Tod die Demarkationslinie zwischen diesen beiden Bereichen. *Wesentliches unserer Welt und des Kosmos gelangt mittels der Melancholie zur sinnlichen Wahrnehmung* – so lässt sich die Melancholie nicht nur als Stimmung definieren, sondern Melancholie ist wesentlicher Bestandteil allen Seins, und damit auch des menschlichen Seins. Die Melancholie offenbart uns die tieferen Zusammenhänge der Existenz. Nun ist es gerade dieses Grenzüberschreitende, dieses intellektuell weit ins Philosophische und Religiöse Hineinragende, was den Psychowissenschaften zu schaffen macht. Psychologie und Psychiatrie ziehen artifizielle Grenzen der Existenz, innerhalb derer sie die Psyche zu erforschen versuchen. Die grenzüberschreitende Melancholie stellt dieses System infrage.

Pol und Gegenpol – Melancholie und Depression

Die Melancholie galt im Mittelalter als Krankheit, in der Antike und Renaissance als ausgezeichnete Charaktereigenschaft, und für die Romantiker war sie Zugang zum Geheimnis menschlichen Seins. Doch in den wissenschaftlichen Schubladen der gegenwärtigen Psycho-Forscher ist die ›Melancholie‹ eigentlich nicht mehr zu finden. Zunächst hat die zunehmend naturwissenschaftlich orientierte Medizin und Psychiatrie des 19. Jahrhunderts wesentliche Eigenschaften der Melancholie als psychiatrische Symptome deklariert, neu geordnet und das Resultat zur »Krankheit«, zur »melancholischen Krankheit« erklärt. Hiermit wurde die »heilige Melancholie« als herausragender Bereich unserer Existenz entthront, die Brücke zum Transzendenten wurde niedergerissen. In den letzten Jahrzehnten des 20. Jahrhunderts wurde der Begriff »Melancholie« zunehmend aus dem psychowissenschaftlichen Katalog gestrichen und durch den Terminus »Depression« ersetzt. Soweit die

»Melancholie« im Sprachgebrauch noch weiter bestehen darf, wird sie als ein Zustand gesehen, der keiner psychiatrischen Intervention bedarf, während die »Depression« – obwohl aus denselben Wurzeln hervorgehend – zur Krankheit erklärt wird und in den Zuständigkeitsbereich der Psychiatrie fällt. Parallel dazu geschieht eine Verabsolutierung der körperlichen Merkmale von Melancholie und Depression: Die Psychologie beobachtet den »psychischen Apparat« (zum Beispiel anhand des menschlichen Verhaltens), und die Biochemiker entdecken Serotonin und andere Neurotransmitter als die Moleküle der Seele. Mit röhrenförmiger Wahrnehmung erforschen Psycho-Biochemiker einen winzigen Teil der all-umfassenden Melancholie, dann erklären sie das entdeckte Mosaikstückchen zum Stein der Weisen. Das bedingungslose Vertrauen in die Materie ist ein Irrweg, weil er den Menschen hindert, sich selbst zu entdecken.

Der Körper hat – als das Materielle – eine wesentliche Beziehung zur Psyche: Die immaterielle Psyche ›beseelt‹ den Körper, und so ist der Körper *eine* Sichtbarkeit der Seele. »Die Seele ist letztendlich das Gesamt-Sein der Dinge« – so Aristoteles. Keiner kann letztendlich die menschliche Existenz und das Universum erfassen. Und ebenso wenig lässt sich die all-umfassende Melancholie durch Vernunft und durch dingliche Forschung begreifen. Der menschliche Verstand ist zu klein, sich selbst zu erforschen. Erst wenn wir über die kleinkrämerische, dingliche Wahrnehmung hinausgehen, ahnen und schauen wir – Unbeschreibliches.

Indem die Medizin Teile der Melancholie umbenennt und sie zur behandlungsbedürftigen, depressiven Krankheit erklärt, engt sie sich selbst maßlos ein und nimmt sich die Möglichkeit, über die kleine Realität der dinglichen Wahrnehmung hinauszugehen. Tatsächlichkeit und Möglichkeit, dinglich Fassbares und zu Erahnendes, Diesseits und Jenseits sind zwei Seiten ein und derselben Realität.

Was Naturwissenschaftler und Psychoforscher präsentieren, ist letztendlich nichts anders als ein materialistischer *Glaube*.

Viel älter jedoch als dieser materialistische Glaube ist der universal-kosmische Glaube, dem zufolge Geist und Psyche des Menschen nicht dinglich verstanden werden. *Und es besteht nicht einmal das Bedürfnis, die Seele materiell zu erklären. Geist und Psyche sind nicht auf das Zentralnervensystem begrenzt, sondern Teil eines kosmischen Ganzen.*

Vor dem Hintergrund des oben Gesagten könnte man es nun ablehnen, den Begriff ›Depression‹ zu benützen, und man könnte es auch ablehnen, die Depression als Krankheit zu sehen. Aber die ›normalen‹ Menschen haben nun einmal diesen Begriff von der Psychiatrie übernommen und gebrauchen ihn auch, um eine besondere Befindlichkeit von sich oder anderen zu beschreiben.

Ausgehend von diesen Gegebenheiten lässt sich nun der Begriff ›Depression‹ so umschreiben:

Wenn die vielfachen Fassetten der Melancholie sich ins Extreme steigern (ängstliche Vorsicht wird zu Panik, gelassener Umgang mit dem Tod wird zum Unbedingt-sterben-Wollen oder gar zum Suizidversuch), und wenn diese extrem gesteigerte melancholische Befindlichkeit unerträglich und qualvoll erlebt wird – dann könnte dieser extreme Seinszustand des Menschen mit dem Terminus ›Depression‹ belegt werden. Die Depression ist gekennzeichnet durch tiefste Traurigkeit, absolute Hoffnungslosigkeit, Adynamie (= Kraftlosigkeit, auch körperlich), Angst und Panik, quälende innere Unruhe, zwanghaftes Grübeln, Einsamkeit und Todesnähe …

Die Frage, ob die Depression nach all dem Gesagten nun doch eine Krankheit ist, lässt sich erneut so beantworten: *Ein depressiver Mensch ist dann krank, wenn er sich selbst als krank empfindet.* Der von der Depression Betroffene entscheidet über das Prädikat ›depressive Krankheit‹ und nicht der Psychiater, denn: »Psychiater und Psychologen sind außerstande, geistig Gesunde von geistig Kranken zu unterscheiden«, so der bekannte Psychologie-Professor L. Rosenhan. Und dennoch hat die Psychiatrie in dem derzeit gültigen Diagnosenkatalog ICD 10 (International Classification of Deseases) Dutzende von unterschiedlichen depressiven Krankheitsbildern aufgereiht. Das breite Spektrum der melancholischen oder depressiven Seele wird durch psychiatrische Diagnostik mithilfe von Schubladen-Denken geordnet, was nicht dem betroffenen Menschen dient, sondern lediglich dem Psychiater oder Psychologen in seiner psychopathologischen Theorie weiterhelfen soll. Die psychiatrisch-psychologische Diagnostik ist manchmal diskriminierend, oft willkürlich und in sich widersprüchlich. Der genannte L. Rosenhan und andere kritische Psycho-Experten haben in Untersuchungen und Experimenten gezeigt, dass verschiedene Psychiater im Hinblick auf ein und denselben Patienten abweichende bis gegensätzliche Meinungen über die Art der Krankheit äußern.

Wenn ein Psychiater einen schwer Leidenden entsprechend seiner Diagnose-Schemata als »schwere depressive Episode mit parathymen psychotischen Symptomen« (ICD-Nr. F.32.31) oder als »sonstige rezidivierende affektive Störungen« (ICD-Nr. F.38.1) kategorisiert, so *begutachtet* er das Leiden eines anderen. Damit wird der leidende Mit-Mensch zu einem wissenschaftlichen Objekt, und der Psycho-Diagnostiker braucht sich nicht mitfühlend hineinzuversetzen in das Leiden des anderen. Doch umgekehrt gibt der Depressive angesichts der psychiatrischen Diagnose seine Eigenverantwortlichkeit ab und wird zum Patienten, der Heilung von einem *anderen* Menschen – dem Arzt – erhofft und erwartet. Wenn die Erlösung vom Leiden einem anderen überlassen wird, so scheint dies einfacher, als wenn man selbst nach Heilungswegen suchen und selbst die Verantwortung übernehmen soll.

»Wie Tränennass, das von Wimpern
tropft in den Staub:
So hab' ich in der eignen Fuß-Spur
verloren mich.«

(Mirza Abdul Quadir Bedel, persischer Dichter, 17. Jh.)

Bin ich depressiv? – So lautet die Überschrift dieses Kapitels. Die nachstehende Übersicht nennt die wichtigsten seelischen und psychosomatischen Erscheinungen, die mit dem Begriff ›Depression‹ verbunden sind.

Auch nicht-depressive Menschen erfahren im Laufe ihres Lebens Verzweiflung, tiefe Traurigkeit, Angst und psychisch bedingte, lähmende Erschöpfung. Selbst aktiv-unbeschwerte Menschen oder rationale, ausgeglichen wirkende Menschen können schlagartig oder unmerklich-langsam sich in den dunklen Kammern der Depression verirren. In kleinen und großen ausweglosen Situationen entzündet sich in manchen – auch in äußerlich stabil erscheinenden – Menschen das quälende Feuer der Todessehnsucht …

Bin ich depressiv? Lesen Sie dazu die nachfolgende Übersicht, und wenn Sie wollen, markieren Sie die Eigenschaften, die Sie an sich zu entdecken glauben:

Eigenschaften der ›Depression‹*

Gefühlsleben: Oft sehr traurig und selten fröhlich; hoffnungslos und ohne Zukunftspläne; sich wertlos fühlen; sich wie tot fühlen; nicht mehr Ruhe und Entspannung finden; nur noch pessimistisch sein; selten aggressiv gegen andere, aber oft wütend auf sich selbst; sich Vorwürfe machen, begangene Fehler sich nicht verzeihen; sich morgens besonders ›down‹ fühlen; oft weinen; Verzweiflung, Minderwertigkeitsgefühle und Gefühl des ständigen Versagens. Im mittleren und höheren Alter wächst das Gefühl, das Leben sei irgendwie schon gelaufen und eigentlich sinnlos. Das ganze bisherige Leben erscheint voller Fehler.

Angst: Angst kann zu quälender Unruhe, zu bebender Erregung oder sogar zu Panik führen. Angst kann übermächtig und dauernd empfunden werden. Unbestimmte Angst ist eine permanente Angst vor etwas absolut Unbekanntem und Bedrohlichem. Angst vor dem Tod und Angst vor dem Nichts, das einen erwartet. Angst vor der Folterung der Seele … und Angst vor der Angst …

* Modifiziert und erweitert aus: J. Zehentbauer: Abenteuer Seele. Düsseldorf 2000

Denken: Erschütternde Gedankenleere oder immer dieselben Gedanken (Gedankenkreisen); Grübeln, zähes Denken; Entscheidungsschwäche, Einfallslosigkeit, hochgradige Konzentrationsstörungen; erheblich vermindertes Wollen; manchmal übertriebenes Pflichtbewusstsein, das nicht erfüllt werden kann. Dunkle Gedanken und Gedanken, die einem unheimlich und fremd vorkommen, vernichtende und verworrene Gedanken, die wie Giftpfeile ins Hirn einschießen und nicht mehr vergehen. Und böse Gedanken, die wie ein Fegefeuer brennen. Denken müssen und mit dem Denken nicht mehr aufhören können.

Wahrnehmung und Bewusstsein: Alles wird farblos-traurig, ja niederschmetternd erlebt, alles ist wie tot; fehlendes Selbstbewusstsein; manchmal Wahrnehmungsveränderungen (zum Beispiel Umdeutung des eigenen Schattens als den herannahenden Tod). Manchmal wie benommen sein, als wäre man in einem geistigen Nebel. Zweifel an der eigenen Wahrnehmung. Verwirrung kann die eigene Realität zersetzen.

Erleben der Umgebung, der eigenen Persönlichkeit: Manchmal wird das gesamte soziale Umfeld als feindlich erlebt; der eigene Körper wird wie abgestorben empfunden; großes Misstrauen gegenüber anderen; die Zeit scheint stillzustehen. Schuldwahn: »Ich bin schuld an allem … ich bringe nur Unglück …« Überbewertung der anderen Menschen, sich zu hohe Vorbilder aussuchen. Kontaktscheu; relativ große Opferbereitschaft und Zuverlässigkeit. Neigung zur Selbstaufgabe; manchmal auch übermäßige Gleichgültigkeit gegen sich, jedoch auch gegen andere. Wenn gleichzeitig impulsiv-harte Persönlichkeitsanteile in einem depressiven Menschen sind, dann kann sich aus Gleichgültigkeit auch tödliche Ignoranz gegen sich oder andere entfachen, ja sogar extremer Fatalismus und Grausamkeit.

Telefonate mit anderen oder gar Treffen mit Bekannten und Freunden werden hinausgeschoben, doch denkt man täglich: »Eigentlich müsste ich …« – und doch bringt man es nicht zustande und leidet darunter. Man will allein sein und eigentlich – innerlich zerrissen – doch nicht allein sein. Man scheut Kontakte und sehnt sich dennoch danach.

Meist gering ausgeprägter Egoismus, aber auch übersteigerter Egoismus, gewissermaßen als Selbstschutz, ist möglich.

Suizidideen: Wiederholtes, zwanghaftes Darandenken, sich umzubringen; sich mit konkreten Möglichkeiten der Selbsttötung befassen; traurig sich die eigene Beerdigung ausmalen und die Trauer der anderen.

Antrieb und Leistung: Adynam, ohne Schwung, immer müde und erschöpft. Alle Bewegungen sind zäh; vorwiegend im Bett liegend und grübelnd. Selbst einfache Erledigungen werden zu einem schier unbezwingbaren Berg, schon das Brötchenholen beim Bäcker wird als zu anstrengend empfunden. Notwendige Erledigungen bleiben unendlich lange liegen und schaffen ein schlechtes Gewissen. Man will aufräumen und Ordnung schaffen und kann es nicht. Oft in Unordnung leben, aber eigentlich ordentlich sein wollen.

Sexualität: Wird bei Alleinlebenden oft unwichtig; in Partnerschaften wird dem anderen zuliebe manchmal mitgemacht, ohne viel zu empfinden. Bei Männern mehr als bei Frauen bleibt manchmal die Onanie – als Triebabbau – erhalten. Bisweilen wird eine sexuelle Beziehung eingegangen, ›nur‹ um Zärtlichkeit, Zuwendung und einen Hauch von Geborgenheit zu erhalten. Kaum Interesse für wilde Experimente. Im Depressivsein kann frau / man auch zum Opfer werden für sexuelle Übergriffe. Bei innerlicher Gleichgültigkeit gegenüber Erotik und Sex leiden Männer unter Erektionsstörungen, Frauen unter Frigidität. Lange, auch jahrelange Enthaltsamkeit kann von manchen als angenehm empfunden werden.

Körperliche Störungen: Appetitmangel oder wahlloses In-sich-Hineinfressen; Übelkeit, Kopfschmerzen, Schmerzen an der Wirbelsäule oder in der Herzgegend. Erschöpfung, Schlappheit, gehemmte Bewegungsabläufe; kraftlose Bewegungen. Monotonleise Sprache; unbewegte Mimik. Manchmal entstehen innere Unruhe und Bewegungsdrang, was unangenehm empfunden wird. Magen-Darmstörungen, Schlafstörungen, Konzentrationsstörungen, Vergesslichkeit, Zerstreutheit, intellektuelle Unsicherheit, mentale Hemmungen usw.

Wenn der Depressive untergeht im Meer der Trauer, so erlebt er sich als einen Gefangenen seines Schicksals. Er erleidet dieses Schicksal bewusst, und gleichzeitig ist er unfähig zum Handeln. Schon zu Lebzeiten werden die Depressiven vom Schatten des Todes verdunkelt, und obwohl der Körper noch atmet, starrt die Seele in einen Abgrund der Leere. Ein Leben lang bleiben die Depressiven in einem traurigen Gefühl von Heimatlosigkeit, auch dann, wenn sie ein schönes Haus, beruflichen Erfolg und eine nette Familie haben. Dieses dauernde Fremd-sein im Leben quält nicht nur den Depressiven, sondern quält auch seine Mit-Menschen, weil diese den Depressiven nicht mehr verstehen und ihn somit als unnahbar empfinden. Wonach Depressive sich sehnen, das bleibt im Diesseits unklar und unerreichbar; nur die Heimatlosigkeit findet schließlich ein Ende – im Tod. So mag der Tod in der Vorstellung manch depressiver Menschen Erlösung sein, um endlich Geborgenheit zu finden.

»Jenseits von Jahren und Stunden
eingeschlossen in einem Grab
die Rückkehr ins Leben
ist erschreckender
als zu verweilen hierin
geboren, wo der Tod verstarb.«

(Michelangelo)

Man kann sich gegen die Kategorisierung der Depression wehren und, was nur scheinbar widersprüchlich ist, dennoch verschiedene Formen des Depressivseins entdecken. Nicht Dutzende unterschiedlicher Depressions-Diagnosen gibt es, sondern *vier Grundformen der Depression*, nachfolgend aufgeführt insbesondere für diejenigen, die sich betroffen fühlen:

Grundformen der Depression

Reaktive Depression: Diese ist – wie der Begriff sagt – eine Reaktion auf akute, schwere psychische Belastungen, eine Reaktion, die wieder vergeht. Solch traumatisierende Belastungen können sein: Unfall, Katastrophen, finanzieller Bankrott, plötzliche schwere Krankheit, Krieg, Vergewaltigung oder andere erlittene Verbrechen, schmerzhafte unfreiwillige Trennung, Tod eines geliebten Menschen ... aber auch eine gescheiterte Prüfung, die Kündigung der Wohnung oder des Arbeitsplatzes oder demütigende Zurecht- und Zurückweisungen in der Partnerschaft oder schmerzhafte Enttäuschung durch Freunde – all dies kann Ursache werden für eine reaktive Depression. Eine solche Depression kann Tage, Wochen, Monate oder gar Jahre andauern, und eigentlich erfährt jeder Mensch irgendwann in seinem Leben einmal oder viele Male einen solch depressiven Absturz – als Reaktion auf ein tief-traurig machendes Geschehen ...

Dauernde depressive Störungen: Solche Menschen klagen eigentlich schon ›immer‹ über ausgeprägte depressive Be*schwer*-den; an manchen Tagen sind diese einigermaßen zu ertragen, an anderen Tagen sind sie nahezu erdrückend. Hier fehlt die traurige Leichtigkeit der Melancholie. Und die tränenvolle Süße der Melancholie ist unbekannt, man vegetiert in der Bitternis des Elends, das man täglich im Herzen spürt, und das einen nur selten verlässt. Dauernde tiefe Trauer ist diesen Menschen ins Gesicht gezeichnet. Wenn die dauernd Depressiven unter schwerer Last trübe lächeln, dann lächelt Trostlosigkeit aus ihren matten Augen ... sie sind das gelebte Leiden, und sie sind die verdüsterte Sonne am drückend-grauen Wolkenhimmel ... sie vermitteln erdhafte Schwere und sind Einsiedler in der seelischen Landschaft der Öde ... und dennoch: *Sie sind still heldenhafte Träger all des Leidens dieser Erde* und sind die verzweifelt-mutigen Grenzgänger zwischen Leben und Tod ... sie sind die Inkarnation der kosmischen Traurigkeit hier auf Erden ...

Periodisch-auftretende depressive Störungen: In rhythmischen Abständen, beispielsweise immer im Frühjahr und Herbst, kommt die extrem vertiefte Melancholie in Gestalt der zermürbenden Depression und bleibt tage- oder wochenlang zu Gast, in der Regel ungebeten. In der Zeit zwischen diesen Rhythmen, in der Zeit zwischen Ebbe und wiederkehrender Ebbe, kann die Stimmung ›normal‹ sein oder – seltener – in euphorische Hyperaktivität übergehen, was dann psychiatrisch ›Manie‹ genannt wird; und der Wechsel von Depression und Manie heißt in der Psychiatrie ›bipolare affektive Störung‹, ›manischdepressive Krankheit‹ oder ›Zyklothymia‹.

Larviert-depressive Störungen: Hier stehen körperliche, also psychosomatische, Beschwerden im Vordergrund: Magen-Darmentzündungen, Asthma, Wirbelsäulenbeschwerden, bestimmte Herz-Kreislaufstörungen, Kopfschmerzen, rezidivierende Infekte und Abwehrschwäche, Neurodermitis und so weiter. Solche Menschen suchen oft Rat bei zahllosen Ärzten und Heilpraktikern, lassen diagnostische und therapeutische Versuche über sich ergehen, bis sie endlich erkennen: Der Körper ist (obwohl er sich krank zeigt) gesund, doch die Seele ist (obwohl sie gesund scheint) krank. Es ist oft schwer, hinter den körperlichen Signalen die leidende, aufschreiende Seele zu erkennen.

Verborgene (= kaschierte) Depression: Die Betroffenen erscheinen nach außen völlig ›normal‹, wirken überhaupt nicht depressiv; solche Menschen haben zwei sehr unterschiedliche Seelen in ihrer Brust: Einerseits zeigen diese Menschen sich stark (und sind es auch), heiter, extrovertiert, sind ungezwungen bis übermütig und zu Späßen bereit, sie strahlen Zuversicht und körperliche Gesundheit aus, sind aktiv und erfolgreich … andererseits … ist da noch die andere, zweite Seele, die – heimlich – sehr traurig, still verzweifelt und depressiv ist … Diese depressive Seele wird nie in der Öffentlichkeit, auch nicht gegenüber Freunden gezeigt, sondern wird nur sehr verborgen zu Hause gelebt, wenn man ganz alleine für sich ist. Wenn solche verborgen-depressiven Menschen die Spannung zwischen gezeigter Heiterkeit und einsamer Traurigkeit nicht mehr länger ertragen können, dann brechen sie in trostloser Verzweiflung zusammen oder versuchen gar, sich selbst zu töten – für die scheinbar vertrauten Mitmenschen wird dies zur totalen, völlig erschütternden Überraschung. Jedoch schaffen es sehr viele ›Kaschiert-Depressive‹, einen inneren Ausgleich zu finden zwischen der sehr heiteren und der sehr traurigen Seele in ihnen.

Im bereits erwähnten 10. ICD-Diagnosenkatalog wird ein Sammelsurium von sehr vielen, irgendwie unterschiedlichen depressiven Störungen angeboten; doch eigentlich genügt – wenn man schon Gliederungen und Kategorien schaffen will – obige einfache Gliederung.

Ursachen der Depression

> »Was für Fluten sind geströmet
> aus dem feuchten Auge mir!
> Was für Leiden hat erfahren
> diese Handvoll Staub allhier!
> Einst war es die Zeit des Bechers –
> jetzt: des Auges tränenvoll ...
> Sieh nun, was der Sphären Drehen
> angetan hat mir und dir!«

(Mirza Rafi'uddin Sauda, indischer Dichter, 18. Jh.)

Depressiv sein heißt auch: stimmig leben mit den bedrückenden Gegebenheiten dieser Erde – »sieh nun, was der Sphären Drehen, angetan hat mir und dir!«

Der katholische Schriftsteller Julien Green klagt in seinem letzten Interview:

> »Man muss die Welt und ihre Gesetze akzeptieren. Das ist notwendig. Ich liebe die Welt nicht. Die Welt ist in einem schrecklichen Zustand. Immer wenn ich eine Zeitung aufschlage, ist sie voll von Schrecklichkeiten.«

Die Melancholie ist ubiquitär wie die Luft zum Atmen, und Melancholie gesellt sich zur Ur-Seele, die alles – im Diesseits und Jenseits – durchdringt: So strahlt die Melancholie über das Individuum hinaus.

Die Melancholie ist eine kosmische Gegebenheit, die Depression jedoch hat zusätzlich individuelle Ursachen:

• Da sind Verletzungen und Traumata während der Kindheit, die dann im Erwachsenenalter zum Ausbruch kommen und Mit-Ursache beim Entstehen einer Depression sein können.
• Über-sensible Reaktionen auf Kränkungen und Demütigungen im Alltag der Gegenwart können ebenfalls Mit-Ursache der Depression sein.
• Gesellschaftliche Benachteiligungen (in der Stellung als Frau, ethnische Minderheiten) bedingen Bedrücktsein und mangelnde Selbst-Entfaltung und können in eine Depression hineingleiten lassen.
• In Lebenskrisen stürzt man – vorübergehend oder über Monate und Jahre – in oftmals schweres depressives Leiden. Solche Krisen sind beispielsweise schmerzhafte Trennungen, berufliche Überforderung, finanzieller Absturz, soziale oder innerfamiliäre Benachteiligungen, gravierende Krankheiten, Tod eines nahe stehenden Menschen.
• Manche körperlichen Krankheiten können mit ausgeprägten depressiven Störungen einhergehen (Stoffwechsel-Krankheiten, Durchblutungsstörungen des Gehirns, Dysfunktionen der Schilddrüse, Anämie, hormonelle Schwankungen während der Wechseljahre etc.). Wenn allgemein das Gleichgewicht im Körper durcheinandergerät (etwa bei Fehlfunktionen von Herz, Leber, Niere), entstehen oftmals depressive Stimmungseinbrüche. Außerdem gehören in unserer Gesellschaft übermäßiger Tabletten- und Drogenkonsum zum Alltag (Drogen auf Rezept wie Schlafmittel, und Drogen vom Schwarzmarkt, zum Beispiel Ecstasy) – doch diese »Chemie für die Seele« verursacht nicht selten als ›Neben- oder Nachwirkung‹ depressive Leiden.
• Ausmaß und Dauer depressiver Störungen sind auch abhängig von eigenbiologischen und äußeren Faktoren: Konstitu-

tion, Vererbung, Klima, Jahreszeit, Lebensalter, Ernährung, Hormonstatus, soziales Umfeld etc.

- Die Psycho- und Pharmakaforscher versuchen zu beweisen, dass jegliche depressiven Störungen auf biochemische Stoffwechselveränderungen zurückzuführen sind.

Es stimmt, dass die Neurotransmitter (die körpereigenen Botenstoffe) Noradrenalin, Dopamin, körpereigenes Valium, Endorphine, Acetylcholin und vor allem Serotonin in einem ausgewogenen Gleichgewicht in unserem Gehirn agieren müssen, wenn unsere Stimmung ausgeglichen sein soll. Ein Mangel an Serotonin, der körpereigenen Harmonisierungs-Droge, bewirkt Schlafstörungen, reduzierten Bewegungsdrang, deprimierte Gestimmtheit und Neigung zu Isolation. Wird der Serotoninspiegel im Gehirn erhöht (im Zusammenspiel mit Noradrenalin, den Endorphinen etc.), so stellen sich innere Erleichterung und Ausgeglichenheit ein, es kommt zu einem Aufwind für die vormals gedrückte Stimmung. Heißt dies nun, dass die Neuro-Physiologen tatsächlich das Geheimnis der Melancholie gelüftet haben?

Wenn die relativ einfach gebauten Moleküle Noradrenalin und Serotonin durch mentale Übungen oder durch Pharmaka mobilisiert werden, dann vertreiben sie depressives Grübeln und bewirken gute Laune. Das romantische Reich der Melancholie wird durch ein System von Neurotransmittern, Synapsen und Rezeptoren regiert und gegängelt?

Wenn wir den Chlorophyll-Stoffwechsel der Pflanzen kennen, haben wir dann das Geheimnis der Pflanzenwelt – von der Einzel-Alge bis zum Dschungel – entdeckt? Wenn in ferner Galaxis das Zentrum des Orionnebels fotografiert und erforscht wird – kennen wir dann das Geheimnis des Universums?

All dies – vom Serotonin bis zum Orionnebel – sind *dingliche* Entdeckungen und bleiben auf der dinglichen Ebene unserer Wahrnehmung. Auch die Neurotransmitter sind dinglich-›sichtbare‹ Teile unserer Seele. Den anderen, den geistigen und alles Dingliche durchdringenden Bereich der Seele ahnen wir, spüren wir, leben in ihm und durch ihn. Immer mehr Physiker und Biochemiker öffnen sich dem Immateriellen, dem nicht fassbaren geistigen Sein. Begeben wir uns in das Innere des harmonisierenden Moleküls Serotonin, dann entdecken wir Atome und kreisende Elektronen, ein kleines Universum ... und wenn wir noch weiter vordringen, dann merken wir, dass der Atomkern kein dinglicher Kern ist (wie man früher glaubte) und die Elektronen keine kleinen Teilchen sind. Atomkern und Elektronen sind tief in ihrem Innern *nicht* dinglich, sondern hoch energetische Atmosphäre: Wir betrachten die Auflösung des Materiellen und spüren die Brücke zum geistigen Sein ...

Ausgehend von der Erkenntnis, dass bei Depression das Neurotransmitter-System verändert ist, müssen wir noch einen Schritt weitergehen und fragen: Welche Vorgänge haben die Biochemie dieser Menschen in Bewegung gebracht? Und aus welchen immateriellen Gegebenheiten werden – wie in einem Schöpfungsakt – die Neurotransmitter kreiert? Und was bedeutet die Tatsache, dass einige der Neurotransmitter-Aktivitäten von Himmelsgestirnen (zum Beispiel vom Mond, von der Sonne oder vom Saturn) beeinflusst oder gelenkt werden?

> »Der Geist ist der Geist eines Menschen, aber nicht der Mensch selbst. Ebenso ist der Körper der Körper eines Menschen und nicht der Mensch selbst. Geist und Körper sind die Grundlage des Menschen, nicht der Mensch selbst. Wir können also den Menschen bei der Analyse nicht finden, mit nichts Konkretem gleichsetzen. Auch einige zeitgenössische Physiker sagen, dass es vom Standpunkt der Quantenphysik keine Wirklichkeit gibt. Wenn wir sehr genau und tief nach dem jeweiligen Phänomen suchen, ist es nicht auffindbar.«
>
> *(Dalai Lama)*

Bereits erwähnt wurde, dass verletzende Prägungen während der (frühen) Kindheit eine der Ursachen für depressives Leiden im Jugend- und Erwachsenenalter sind. Erfährt ein Kind von seinen Bezugspersonen zu oft kritische Zurechtweisungen, Einengungen und Demütigungen, muss das Kind dauernd Leistung bringen (womöglich ohne belohnt zu werden) oder erleidet es immer wieder Züchtigungen – dann wird es große Schwierigkeiten haben, die eigene, kindliche Persönlichkeit zu entfalten, so zu sein, wie es sein möchte und nur sein kann. Wenn im Elternhaus eine rigide, dogmatisch-perfektionistische Einstellung herrscht, eine lieblose, kalte Atmosphäre, dann lernt das Kind schnell, sich den Widrigkeiten der Umgebung zu entziehen und flüchtet sich in die eigene Innenwelt, in die eigene Welt versponnener Gedanken und Träume. Die Außenaktivitäten werden dann auf das Notwendigste reduziert.

Wenn ein Kind nie oder kaum um seiner selbst willen geliebt wird, dann entwickelt es zu niemandem tiefes Vertrauen; es fehlt ihm das Ur-Vertrauen, das Basis ist für das eigene Selbst-Vertrauen und für das spätere Überleben in der harten Konkurrenz-Gesellschaft der Erwachsenen. Wenn die drängende Sehnsucht des Kindes nach Anerkennung, Nähe und bedingungsloser Liebe von den Eltern ignoriert, gar nicht wahrgenommen oder aus Zeitmangel nicht erfüllt wird, dann wird die kindliche Seele verwundet. Selbst wenn die Wunden vernarben, können – oft viele Jahre später – unter ungünstigen Bedingungen die alten Verletzungen wieder aufbrechen und zur Entstehung von psychischen Krisen beitragen, zu Angst, Trauigkeit und Hoffnungslosigkeit.

Natürlich sind die Erfahrungen und Formungen während der Kindheit bedeutend für die spätere Entwicklung der (Erwachsenen-)Persönlichkeit, doch werden ursprünglich negative Prägungen durch korrigierende Neu-Erfahrungen (im Kindes-, Jugend- und Erwachsenenalter) vermindert oder gar völlig verändert. Durchlebt ein Kind ein gewalttätig-wirres, kaltes Elternhaus, dann kann eine das Kind immer wieder einladende, warmherzige, kluge Nachbarin diesem ungeahnte positive Prägungen schenken: Die kindliche Seele saugt Zuwendung und Liebe auf wie ein Schwamm das Wasser. Das heißt: Eine vom Elternhaus herrührende lieblose oder gar qualvolle

Kindheit kann für die gegenwärtige Befindlichkeit sogar belanglos werden, wenn parallel oder später (in der Jugend- oder Erwachsenenzeit) entsprechend intensive (Gegen-)Erfahrungen von Liebe und Zuneigung gemacht werden. Bei einer Psychotherapie ist nicht nur die emotional-betroffene Auseinandersetzung mit der (falls vorhanden) gestörten Kindheit sinnvoll, sondern ebenso bedeutend ist das Wieder-Beleben der positiven (Gegen-)Erfahrungen, die eine unerlässliche Kraft sind im Strom der Selbstregulierung.

»Auch dies ist die Welt:
ein früher Stern, den wir als Kinder
bewohnen; verteilt an die Brunnen
als Inhalt und Regen der Stunden,
als Vorrat von heiterer Zeit.«

(Ingeborg Bachmann)

Wege aus der Depression

Manch depressiver Mensch, versunken in tränenvoller Traurigkeit, Seelenschmerz und Jammern will nicht länger mehr im Grenzbereich zwischen Leben und Tod wandeln, nicht länger mehr nur in der Tiefe des Seins fündig werden – er will an die leichte Oberfläche des Lebens, will weniger leiden und will wieder einmal unbeschwert und heiter sein … Der depressiv Betroffene spürt in sich das Bedürfnis und von außen (etwa durch Familienangehörige) den Druck, etwas gegen die Depression machen zu müssen. Es gibt mehrere Wege, die aus dem quälenden depressiven Loch wieder hinaufführen zu der besinnlichen Leichtigkeit der Melancholie, zu mehr Optimismus, Aktivität und spielerischer Freude …

Das Einfachste ist, Pillen zu schlucken. Manchen hilft ein pflanzliches Antidepressivum wie Johanniskraut oder – individuell ausgewählt – eine homöopathische Arznei. Andere lassen sich lieber die stärker spürbare Chemie rezeptieren: Die alten (trizyklischen) Antidepressiva sind mittlerweile unmodern, der antidepressive Spitzenreiter in Amerika heißt Prozac (in Deutschland Fluctin). Diese relativ neue Pillen-Generation vermehrt den Serotonin-Gehalt im Gehirn und sorgt für bessere Stimmung, bringt ein wenig mehr Ausgeglichenheit und Aktivität. Dem Leser des Beipackzettels offenbaren sich allerdings viele mögliche Nebenwirkungen (dies gilt auch für die trizyklischen Antidepressiva). Der Betroffene muss entscheiden, ob er seiner Seele eine gewisse Dosis an Chemie zumuten will oder lieber doch nach alternativen Wegen suchen mag.

Bezüglich Prozac, Fluctin und Konsorten sind Forschungsergebnisse beunruhigend, nach denen das menschliche Gehirn auf den künstlichen Serotonin-Segen etwas hilflos mit der Bildung neuer Rezeptoren reagiert, was ein Durcheinander im Gehirn auslösen kann. Deutlich risikoreicher noch ist der Einsatz von Neuroleptika (Haldol, Dogmatil, Truxal etc.); bedauerlicherweise werden diese potenziell persönlichkeitszerstörenden Medikamente immer noch gegen depressive Beschwerden verordnet, obwohl Neuroleptika selbst depressive Störungen bewirken können. Von Neuroleptika als antidepressiver Medikation ist grundsätzlich abzuraten. Manche erleichtern ihre Angst und Traurigkeit durch Anxiolytika (= Angstlöser), auch Tranquilizer genannt (Typ Valium, Frisium etc.). Da die ›rosa-rote Brille‹ für die Seele gleich von der ersten Pille an wirkt, relativ gut vertragen wird und ein angenehmes Gefühl erzeugt, ist die Versuchung groß, allzu oft den chemischen Seelentröster zu schlucken, nicht nur in seelischer Not, sondern auch bei kleinen Unpässlichkeiten: Abhängigkeit kann so entstehen. Dieses Risiko kann aber durch entsprechende Maßnahmen auf ein Minimum reduziert werden.

Trotz aller Vorbehalte gegenüber einer chemischen Behandlung der Seele sollte es dem Betroffenen freigestellt sein, ob er vorübergehend eine Krücke benützen will oder nicht. Allerdings ist nachgewiesen, dass bei Menschen, die ihre depressive Krise ohne Psychopharmaka überstehen, nachfolgende Krisen seltener und kürzer verlaufen.

Und: Psychopharmaka sind keine Heilmittel. Nach dem Absetzen ist alles wie vorher. Erfreulich viele melancholische oder depressive Menschen lehnen es ab, ›ihre‹ Befindlichkeit mit chemischen Mitteln zu modifizieren: Sie akzeptieren sich so, wie sie sind. Diese Selbstakzeptanz ist auch die Hauptvoraussetzung dafür, dass das Umfeld einen melancholischen Menschen ›melancholisch‹ sein lässt … und ihn vielleicht sogar bewundernd zum Vorbild nehmen kann …

In Nordamerika mehr als in Europa wenden große psychiatrische Kliniken bei depressiven Menschen immer noch den Elektroschock an. Per Stromschlag soll die Schwermut ausgetrieben werden! Manche fühlen sich nach dieser Gewalttherapie tatsächlich weniger depressiv: Der Strom, der durch das Gehirn gejagt wird, zerstört zigtausend Hirnzellen, und so ›vergisst‹ man gewissermaßen seine Depression. Der tief Melancholische und von depressiven Krisen geplagte Schriftsteller Ernest Hemingway wurde ein Opfer der Elektrokrampf-Therapie; er klagte, man habe erreicht, »meinen Kopf kaputt zu machen und mein Gedächtnis auszuradieren«. Kurze Zeit nach der letzten Elektroschock-Serie tötete sich Hemingway von eigener Hand.

> »Zur Mühsal bestimmt
> wie jede beliebige
> Faser der Schöpfung,
> müssen wir uns beklagen?«
>
> *(Giuseppe Ungaretti: ›Destino‹)*

Vorher war von Neurotransmittern die Rede und deren Einfluss auf die Gestimmtheit. Durch entsprechende mentale oder körperliche Übungen lassen sich unterschiedliche Neurotransmitter wie *körpereigene Drogen* stimulieren, wodurch wir unsere Stimmung und Befindlichkeit gezielt beeinflussen und ändern können.

Die meisten Menschen kennen nur die exogenen, das heißt die von außen zugeführten Drogen. Doch die wenigsten wissen, dass unser Körper selbst Psychodrogen herstellt. Jeder Mensch produziert körpereigenes Morphium, das stark beruhigend, schmerzstillend und antidepressiv wirkt, er produziert eigene angstlösende Stoffe (etwa körpereigenes Valium), diverse körpereigene Antidepressiva (zum Beispiel Noradrenalin) und solche körpereigenen Stoffe, die Phantasie, Motorik und Sexualität fördern (zum Beispiel Dopamin). Die körpereigene Apotheke bietet weit mehr Möglichkeiten, als die Pharmaindustrie liefern kann.

Aber natürlich ist es – zumindest anfangs – bequemer, eine ärztlich rezeptierte Psycho-Pille zu schlucken, als mithilfe mentaler oder somatischer Techniken die körpereigenen Drogen zu stimulieren. Gezielt lassen sich beispielsweise die stimmungshebenden Endorphine (körpereigene Morphine) mobilisieren; hinzu kommen körpereigene Drogen, die unsere Intelligenz, Phantasie und Antriebskraft aktivieren, die schlaffördernd sind oder sexuell anregen. Das stimmungsaufhellende, freudig machende Noradrenalin schnellt in die Höhe bei Trampolinhüpfen, Bungeespringen, ausgelassenem Ballspiel oder fröhlicher Musik (um nur wenige Beispiele zu nennen). Und durch Noradrenalin werden wir heiter und lachen, ob wir wollen oder nicht. Während des Marathonlaufens werden wir innerlich von Endorphinen überschüttet, ähnlich wie bei Wiegenliedern, beim Sufi-Tanz oder während aktiver Imagination; im Rausch der körpereigenen Endorphine verfliegen Depressionen, Unruhe und Ängste. Muskelrelaxierung, autogenes Training und entspannende Musik fördern das körpereigene Valium, das uns in ein wohliges Glücklichsein versetzt, ohne jegliche rezeptpflichtige Droge. Verrücktes Leben (zum Beispiel Gesicht bemalen außerhalb der Faschingszeit, schrille Kleidung tragen) lässt Dopamin durch unser Gehirn wirbeln und treibt uns an die Grenze zwischen Genie und Wahnsinn. Wer diese Verrücktheiten einigermaßen steuern kann, gerät auch nicht in die Fänge der Psychiatrie. Das Experimentieren mit wilden oder harmonisierenden ›körpereigenen Drogen‹ ist ein faszinierendes Forschungsgebiet. Jeder Mensch hat die

Fähigkeit, seine körpereigenen Botenstoffe und damit seine psychische Energie gezielt zu aktivieren (siehe auch Seite 175 ff.). Dies kann Grundlage sein für eine neue, am Individuum orientierte Wissenschaft, in der nicht mehr analytisch zerlegt und zerstört wird, sondern einzig einfühlendes Beobachten und In-sich-Hineinhorchen wichtig ist. Jeder kann zum biologischen Pionier werden und sein eigenes Gehirn erforschen. Das kann Angst machen, eröffnet aber auch ungeahnte Vielfalt.

»Wer das Wesen als Erscheinung
und Erscheinung sieht als Wesen,
Dringt nie bis zum Kern der Wahrheit,
hat die falsche Bahn erlesen.

Wer Erscheinung als Erscheinung
und das Wesen sieht als Wesen,
Der dringt bis zum Kern der Wahrheit,
hat die rechte Bahn erlesen.«

(Aus dem weisen Buch Dhammapada, Indien)

Die Depression wird oft – auch medienwirksam – zur Volkskrankheit Nr. 1 erklärt: Man schätzt, dass in Mittel- und Nordeuropa dreißig bis vierzig Prozent der Bevölkerung wiederholt oder dauernd unter depressiven Beschwerden leiden. Die Depression, zur Krankheit erklärt, wird so zu einem bedeutenden Wirtschaftsfaktor. Die Pharmaindustrie bringt immer neue und angeblich bessere Psychopharmaka auf den Markt und verdient dabei Milliarden, und die Ärzte, Psychotherapeuten und Privatkliniken kümmern sich – gegen Bezahlung – um die depressive Klientel.

Der Großteil derer, die eine psychotherapeutische Praxis aufsuchen, fällt unter die Rubrik des melancholischen oder depressiven Menschen. Ein Depressiver, der zu einem Psychotherapeuten geht, erwartet fremde, fachliche Hilfe. Die Depression wird als Krise oder Krankheit deklariert, und der Klient delegiert – mit entsprechenden Heilungserwartungen – die Lösung seiner inneren Probleme an den Therapeuten.

Ein Therapeut oder eine andere helfende Person kann bei einem Hilfe suchenden depressiven Menschen einen therapeutischen Prozess in Gang bringen durch (1) »würdevolles Begegnen« und (2) »freundliche, einfühlsame Anteilnahme« bei (3) »therapeutisch-kreativer Distanz«. Die genannten drei Ebenen nenne ich »Grundprämissen therapeutischen Handelns«. Die zuletzt genannte therapeutische Distanz ist kreativ, weil sie Raum lässt für Selbst-Entfaltung und Selbst-Heilung – Fähigkeiten, die jedem Menschen innewohnen.

In der Psychotherapie soll, zumindest primär, nicht versucht werden, den depressiven Menschen zu ändern, um ihn wieder in die oberflächliche Normalität einzupassen, sondern der Depressive soll akzeptiert werden, so wie er ist. Dieses ›Akzeptiertwerden‹ bringt beruhigende Stille in die aufgebrachte Seele und setzt einen heilsamen Harmonisierungsprozess in Gang.

Der römische Psychologie-Professor Giovanni Jervis unterscheidet die Psychotherapie durch ›Spezialisten‹ (also Psychologen, Psychotherapeuten usw.) von der Psychotherapie durch ›Nicht-Spezialisten‹ (Freunde, Bekannte, auch flüchtige Bekannte). Psychische Unterstützungen gibt es sporadisch durch sensible, einfühlsame Freunde und Bekannte, also einfach Menschen, die zuhören können, mitfühlen, ebenfalls betroffen und dennoch von den eigenen Erlebnissen nicht völlig besetzt sind. Solche ›natürlichen Helfer‹ sind in Krisen- und Notsituationen nicht immer greifbar (und gäbe es mehr von dieser Sorte, würden sich Krisen meist gar nicht erst zuspitzen).

Psychotherapie ist keine wertfreie Methode. In den Händen von konservativen Psychiatern und Therapeuten wird Psychotherapie zu einem entsprechend konservativen Verfahren. Psychiater haben die Aufgabe, auffällige psychische Störungen zu beseitigen und die bestehende Persönlichkeitsstruktur des Patienten in Richtung auf eine angeblich erstrebenswerte Normalität zu verändern. Reichen psychotherapeutische Maßnahmen für dieses Vorgehen nicht aus, werden oft hemmungslos allerlei Psychopharmaka eingesetzt, notfalls droht die Einweisung in eine psychiatrische Einrichtung.

Der US-amerikanische Psychotherapeut Carl Rogers entwickelte eine Vorstellung von Psychotherapie, die – obwohl dies nicht seine primäre Intention war – der Schulpsychiatrie zuwiderläuft. Der Patient, den Rogers ›Klient‹ nennt, soll durch ›therapeutische Treffen‹ seine Persönlichkeit ›selbst‹ weiterentwickeln. Es wird vom Therapeuten verlangt, dass er sich in den anderen Menschen einfühlt, ohne ihn zu beurteilen oder zu analysieren, dass er ihm menschliche Wärme entgegenbringt und ihn achtet, so wie er ist. All das soll nicht therapeutische Fassade oder Technik sein, sondern die tatsächliche Einstellung des Therapeuten widerspiegeln: wirklich zwischenmenschliches Mitfühlen. Kann ein Therapeut sich nicht in einen anderen einfühlen oder ihn nicht uneingeschränkt in seinem So-Sein akzeptieren, soll er keine Therapie beginnen oder fortführen. Psychotherapie heißt für Rogers eine gewisse Art von Beziehung herstellen, in der der Klient in sich die Fähigkeit entdecken soll, sich mithilfe dieser Beziehung zu verändern und zu entwickeln. Dadurch soll er zunehmend mehr Selbstverwirklichung, Selbstverantwortlichkeit und Autonomie erreichen.

Die psychotherapeutische Methode – ob Gesprächs-, Gestalt- oder Verhaltenstherapie – ist für den Therapie-Erfolg wenig relevant. Entscheidend ist ein möglichst großes Vertrauensverhältnis zwischen Klient und Therapeut. Wenn darüber hinaus auch noch die oben genannten »Grundprämissen therapeutischen Handelns« gegeben sind, dann kann Psychotherapie durchaus Hilfe zur Selbsthilfe werden und Unterstützung geben bei dem Versuch, eine eigene Lebensphilosophie zu entwickeln und mehr Freiheit zu erlangen.

Manchmal reichen wenige therapeutische Einzelsitzungen aus, manchmal entsteht ein therapeutischer Prozess erst nach mehreren Wochen oder Monaten. Einige entscheiden sich für Psychoanalyse, andere für Gruppentherapie, und gelegentlich ergibt sich eine so genannte niederfrequente, Halt gewährende psychotherapeutische Beziehung über mehrere Jahre (Therapiesitzungen finden dann nur alle drei bis sechs Wochen statt). Doch eines ist zu beachten: Nicht nur von Psychopharmaka

kann man abhängig werden, sondern auch von Psychotherapie. Hier ist achtsames Vorbeugen nötig, vor allem von Seiten
des Therapeuten: Nach Stabilisierung des Klienten soll eine
möglichst niedrige Frequenz der Therapiestunden (zum Beispiel eine Therapiesitzung alle ein bis zwei Wochen) erfolgen;
sobald vertretbar, sollte es Behandlungspausen (eine bis mehrere Wochen) geben; psychotherapeutische Techniken sollten
erlernt werden (Entspannungs- und Atemübungen, Reflektieren über Träume, Tagebuch führen, bewusstes Leben, biogra-
phische Arbeit und Selbstanalyse, Übungen aus Gestalt- und
Verhaltenstherapie usw.); trotz Empathie, menschlicher Wärme und Wertschätzung soll der Therapeut auf freundliche Distanz bedacht sein (überschaubares Timing, eindeutige Klarheit
über die ›Künstlichkeit‹ der therapeutischen Beziehung und
deren zeitliche Begrenzung).

Der therapeutische Prozess fördert Selbstwertgefühl und
Selbstvertrauen und somit den achtsamen Umgang mit sich
und anderen. Die eigene Lebensphilosophie wird erahnt oder
entdeckt, ebenso der Sinn oder Nicht-Sinn des Lebens.

> »Blüte, die nicht blüht,
> Nebel, der nicht wallt,
> Mitternacht, die kommt,
> Himmelslicht, das geht,
> Kommt wie Frühlingstraum,
> Lässt sich nicht viel Zeit,
> Geht wie Morgendunst,
> Sucht kaum festen Halt ...«
>
> *(Bo Djü-i, chinesischer Dichter, 9. Jh.)*

Die allermeisten Krisen und depressiven Stimmungseinbrüche
werden *ohne* fremde Hilfe überwunden. Die Kräfte der Selbst-
heilung können enorm stark sein, und manchmal bedarf es
kleiner oder größerer Anstöße, um dieses System der Selbstregulierung in Gang zu setzen. *Folgende Maßnahmen* können
hilfreich sein:

- *Nahrungsumstellung in Richtung Vegetarismus*: Für die psychische Stabilisierung ist es äußerst günstig, grundsätzlich auf den Verzehr von Fleisch, Wurst und Fisch zu verzichten, also: keine Tiere zu töten und keine Tiere zu essen. Vegetarisch leben geht auch eher konform mit der grundsätzlich friedlichen Melancholie: möglichst keine Gewalt ausüben und nicht töten, auch keine Tiere. Wer Fleisch isst, der nimmt auch die Todesangst der Tiere mit auf, was jeder halbwegs sensible Mensch in sich spüren kann.

Bei einer radikalen Ernährungsumstellung stellen sich frappierende Erfolge ein, etwa bei der Ernährung nach den Konzepten der ›Klinischen Ökologie‹ oder der ›Orthomolekularen Medizin‹ (um nur zwei Richtungen von mehreren zu nennen).

Vereinfacht gesagt, geht die Klinische Ökologie davon aus, dass individuell unverträgliche Stoffe, etwa in Nahrungsmitteln, nicht nur eine körperliche Allergie, sondern auch eine ›psychische Allergie‹ auslösen können (was sich dann unter anderem als Depression, Paranoia oder Angstattacke äußern kann). Durch eine – durchaus aufwändige – Austestung der individuell unverträglichen Nahrungsbestandteile lässt sich schließlich eine Diät finden, die zu einer merklichen Besserung oder zum Abklingen psychischer Störungen führen kann.

Die Orthomolekulare Medizin (nach dem zweifachen Nobelpreisträger Linus Pauling) versucht, geistig-seelisches Wohlbefinden dadurch zu erreichen, dass die richtigen (»ortho«) Substanzen (also »Moleküle« wie Vitamine, Spurenelemente) in der richtigen Konzentration dem Körper zur Verfügung stehen. Seit langem ist bekannt, dass ein relativer Mangel an bestimmten Vitaminen zu schwer wiegenden psychischen Entgleisungen führen kann. So entsteht etwa bei einem andauernden Vitamin-B_1-Mangel eine schwere psychische Dekompensation mit Paranoia und Wahrnehmungsveränderungen, was von der Schulpsychiatrie als »Schizophrenie« (fehl-) klassifiziert würde. Die Orthomole-

kulare Medizin betont, dass durch die Behebung eines Stoff-
mangels, der vorher durch aufwändige Laborbestimmungen
festgestellt wird, psychische Beschwerden gemildert oder
behoben werden. Darüber hinaus untersucht die Orthomolekulare Medizin die gesundheitlichen Auswirkungen gifti-
ger Metalle wie Blei, Quecksilber, Aluminium, Kupfer oder
Cadmium, die auf dem Weg der Umweltverschmutzung in
den menschlichen Organismus eindringen und die psychische Balance kippen können.

- *Den Körper auf körperliche Weise anregen*: Wird der Körper
  auf schöne und harmonische Weise bewegt, so kommt auch
  mehr Harmonie in die Seele: rhythmische Gymnastik, tanzen, spielen, spazieren gehen, laufen, Rad fahren und anderes sportliches Tun sind wirkungsvoll. Die Liebe zum eigenen Körper lässt sich entdecken: Beim Baden in duftenden
  Lotionen, sich massieren oder massieren lassen, Erotik und
  Sexualität neu erfinden, zärtlich sein mit sich und anderen.
- *Kreativ leben*: Kreativität ist oft extrovertiert. Aber auch in
  der Stille – also introvertiert – können wir schöpferisch sein:
  mit kreativen Gedanken, beim Briefe oder Tagebuch schreiben, der Beschäftigung mit Träumen, beim Bilder malen,
  schneidern, singen, Bücher lesen, Musik hören ... sich als Lebenskünstler fühlen ... oder in kreativer Passivität aufgehen,
  nach dem Motto: ›Neben der edlen Kunst, Dinge zu verrichten, gibt es die edle Kunst, Dinge unverrichtet zu lassen.‹
- *Naturbetrachtungen* lassen sich zelebrieren, und wir können
  uns auch in den wechselnden Stimmungen der Natur wie-
  derfinden: in ihrem Verwelken und Blühen, indem wir in ihr
  einsame Zuflucht suchen und uns hingeben in der stillen Betrachtung des Sternenhimmels.
  Die Sonne ist das stärkste Antidepressivum: Dosierte Son-
  nenbäder vermindern depressives Leiden, und das bereits erwähnte Phytotherapeutikum Johanniskraut macht unsere
  Haut auf positive Weise empfindsamer gegenüber Sonnenlicht. Der Mond bezieht uns in seine Zyklen mit ein und bestimmt nicht nur die Periodik der weiblichen Menstruation.

Viele Tiere werden erst nachts aktiv – nehmen wir sie zum Vorbild und verbringen auch wir einmal auf angenehme Weise eine schlaflose Nacht (Briefe schreiben, Schach spielen, sich in Diskos oder in Kneipen amüsieren, Nachtwanderungen genießen). Ein solchermaßen angenehmer ›Schlafentzug‹ vertreibt schwere, trübe Stimmungen.

- *Entspannung und Meditation:* Mit autogenem Training und anderen Selbstentspannungs-Übungen, mit Yoga und Atemübungen lassen sich Schlafstörungen, innere Unruhe und Angstzustände besänftigen. In der Meditation treten wir ein in den Palast der Stille und können vielleicht das Tor zum Jenseits erahnen und den Türspalt sehen, ohne uns zu nähern ...

- *Änderung der sozialen Umgebung:* Nach einer depressiven Krise findet man wieder ein Gleichgewicht, doch dieses neue Gleichgewicht ist vom ursprünglichen Zustand entfernt ... und so stellen sich Fragen ... Änderungen bahnen sich an ... Arbeitsplatz oder Wohnung wechseln? ... die derzeitige Partnerschaft ändern? ... wieder alleine leben? ... sich in politischen oder spirituellen Gruppen engagieren? ... Doch natürlich ist es sehr anstrengend, sein vertrautes Umfeld – ob es bedrückend ist, oder nur bequem – umzugestalten ...

- *Ausagieren der momentanen Stimmung:* Tun, wozu man gerade Lust hat, wenn man dabei sich und anderen nicht schadet ... auf der Straße tanzen, wenn einem danach ist ... in ein Eremiten-Dasein fliehen ... sein Gesicht bunt bemalen ... die Tränen fließen lassen oder lachen, auch wenn es nichts zu lachen gibt ...

>»Es ist Herbst in mir,
>und nur ein Blatt bleibt
>ganz oben in meinen Ästen.
>Wenn es fällt,
>wird die Kälte gekommen sein,
>mich zu umhüllen,
>und es wird schwer sein,
>weiterzuleben.«

(Otto René Castillo, Guatemala)

Der Depressive wird immer wieder aufgefordert zu lachen, einfach zu lachen, so wie jeder Mensch lachend durch das Leben gehen soll – die Ikonen von Werbung und öffentlichem Leben sind zumindest in ihrem Dauerlachen prägende Vorbilder. Lachen soll sein, ob man sich danach fühlt oder nicht. Die ›normalen Menschen‹ bemühen sich, hochkommende depressive Gefühle und Gedanken wegzudrängen und weiterhin pflegeleicht zu funktionieren, ohne Sand in das gesellschaftliche Getriebe zu streuen. Ähnlich soll auch der Depressive – so wird es verlangt – den Kopf nicht hängen lassen, sich zusammenreißen, zumal dann, wenn depressiv machende Gründe nicht offensichtlich sind. Doch der melancholisch-depressive Mensch verweigert jegliche Scheinheiligkeit, bleibt seiner Schwermut treu und zeigt sie auch.

Wichtig ist, dass der melancholisch gestimmte Mensch sich *so* akzeptiert, wie er ist. Wenn er hineingleitet in depressives Sein, so kann er mitunter dort ein – wenn auch schmerzliches – Geheimnis entdecken …

Trotz der inneren Werte des Depressiv-Seins kann man sich nicht immer dem Weltschmerz und der traurig lächelnden Muße hingeben, sondern muss – leider – auch im herausfordernden Alltag bestehen. Der melancholische Mensch kann den Alltag eher bewältigen als der depressive Mensch, und der Melancholische findet eher als der depressive Mensch zur traurigen Leichtigkeit des Seins. Deshalb wurden in diesem Kapitel Hinweise gegeben (und im Anhang folgen weitere), wie man aus dem tiefen Ozean des Depressiv-Seins vielleicht wieder nach oben gelangen kann und – vielleicht – wieder Platz nimmt im besinnlich schaukelnden Boot der Melancholie …

Angst – die gutwillige Begleiterin

>»Aber meine Schreie
>graben sich
>Blitzen gleich
>in die matte Glocke
>des Himmels.
>
>Dann versinken sie
>angsterfüllt.«
>
>*(Giuseppe Ungaretti: ›Solitudine‹)*

Die Angst ist eine tief besorgte, extrem agierende Wächterin unseres Seins. In wechselnder Gestalt begegnet sie uns täglich und vertreibt jene Ruhe, die lähmend wirkt.

Wie die Melancholie ist auch die Angst weiblich. Die Angst ist ein wildes Weib mit einem Kobold-schönen Gesicht und roten, furios abstehenden langen Haaren; die siedend-heißen Augen blicken dich an und streben nach Wahrheit.

Die Melancholischen mit ihren seismographisch feinen Sensoren spüren die Ängste, die in ihrem Umfeld oder irgendwo auf der Welt hervorquellen. Ja, Signora Angst ist eine Freundin der Melancolia, eine aufrüttelnde, existenziell bedrohlich scheinende, doch wohlwollende Begleiterin.

Die Angst hilft uns, die eigene Existenz wahrzunehmen, uns lebendig zu fühlen …

Frau G., knapp 30-jährig, war schon immer, wie sie schildert, sehr melancholisch. Oft ist in ihr eine unbestimmte Angst, manchmal den ganzen Tag, sehr stark spürbar, dann wieder weniger heftig. Im Laufe einer Psychotherapie macht Frau G. allerlei Angst-reduzierende Übungen und nimmt zusätzlich Anxiolytika (also Angstlöser). Eines Morgens erwacht Frau G. schließlich aus ihrem Nachtschlaf, und tatsächlich spürt sie die Angst nicht mehr. Frau G. fühlt sich völlig durcheinander und ruft eine Freundin an: »Die Angst ist weg, als wäre sie einfach fortgegangen ... Aber ich fühle mich elend und absolut leer ... Eigentlich fühle ich mich gar nicht mehr, so als hätt' ich jetzt meinen inneren Halt, mein Gerüst verloren ... Ich brauch' offenbar die Angst, um mich zu spüren ... Ich brauch' die Angst, um bei mir zu sein ... Ich brauch' die Angst ...« Nach diesem Telefonat kommt die Angst wieder zu Frau G., und beide schließen ein konstruktives Bündnis.

Wir werden in eine Welt hineingeboren, wo immer und überall, in uns und um uns Ängste aufbrechen. Potenziell ist alles auf der Welt so geartet, dass man davor auch Angst entwickeln kann. Überschreitet die Angst ein bestimmtes Maß, wird sie von jedem Menschen innerlich bebend wahrgenommen und als unerträglich und zermürbend empfunden.

Doch die Angst meint es – zumindest anfänglich – gut mit uns. Und die Angst muss immer bei uns sein, damit wir leben können.

> »Wer immer Angst hat, hat Grund dazu. Es gibt nicht wenige Patienten, denen man Angst einjagen muss, weil sie aus Instinktverkümmerung keine mehr haben. Ein Mensch, der keine Angst mehr hat, steht am Rande des Abgrunds ... Versteht der Patient die religiöse Sprache, so sage ich ihm: Versuche ja nicht, dieser Angst, die Gott dir gegeben hat, zu entgehen, sondern versuche, sie bis aufs Letzte zu ertragen.«
>
> (C. G. Jung)

Angst ist ein uns allen vertrautes Gefühl, ist notwendiger Teil unseres Lebens wie Durst und Hunger, Schmerz und Freude, Sex und Schmerzen. Sobald Leben entsteht, gesellt sich – bereits intrauterin – die Angst dazu ... Und die Angst bleibt vom ersten Atemschrei bei der Geburt bis zum letzten Herzschlag auf dem Totenbett immer präsent. Angst nimmt uns im Schlaf manche Träume und inszeniert daraus Alpträume, aus denen wir, in Angst gebadet, fiebrig erwachen. Wenn wir im traumfreien Tiefschlaf ruhen wie in einer Ewigkeit – dann ruht auch die Angst. Aber sie ruht nur vorübergehend, und mit dem Erwachen zeigt sich auch die Angst wieder in voller Macht.

Manche meinen, die Angst sei ein besonderes Kennzeichen des melancholischen, und erst recht des depressiven Menschen. Tatsache ist jedoch, dass Angst im Herzen jedes Menschen haust. Die Melancholischen nehmen die Angst intensiver und stetiger wahr als die ›normalen‹ Menschen. Und die Melancholischen lernen, sich mit der Angst zu arrangieren. Die Depressiven jedoch fühlen sich häufig der Angst wehrlos ausgeliefert.

Jede Angst kann sich steigern zu Panik, kann umschlagen in eine bedrohlich-bohrende Angst, die das Lebewesen zugrunde richtet. Immer lodert in uns, wie eine Schale mit brennendem Öl, die gestaltlose, unbestimmbare Ur-Angst, einmal mit kleiner Flamme – wie etwa im Tiefschlaf –, einmal als gefährlich flackerndes Feuer. Diese Ur-Angst schwelt immer in unserem Herzen, auch dann, wenn wir äußerlich in Gleichmütigkeit und ausgelassener Fröhlichkeit strahlen. Die Ur-Angst entzündet ihre Flamme an der Angst vor dem Tode, der Angst vor dem Göttlichen oder dem Nichts, das uns erwartet, und von dem wir uns kein Bildnis machen können. Menschen, die in einem tiefen religiösen Glauben sich göttlich getragen fühlen, leiden weniger unter der Ur-Angst als die Vielzahl derer, die den Konsumismus zur Religion erhoben haben. Und die Melancholischen spüren oftmals einen vertrauten – wenn auch leidvollen – Umgang mit der Angst.

Søren Kierkegaard beschreibt, wie der Mensch seine Angst selbst produziert:

»Das Mögliche entspricht vollkommen dem Zukünftigen. Das Mögliche ist für die Freiheit das Zukünftige, und das Zukünftige für die Zeit das Mögliche. Beiden entspricht im individuellen Leben Angst. Im genauen und korrekten Sprachgebrauch sind daher Angst und Zukünftiges miteinander verknüpft …
Der Mensch … kann sich ängstigen, und je tiefer die Angst, umso größer der Mensch, jedoch nicht in einem solchen Sinn, indem es die Menschen gewöhnlich auffassen, dass also die Angst

vor dem Äußeren besteht, vor dem, was außerhalb des Menschen ist, sondern dergestalt, dass er selbst die Angst produziert.«

Angst ... Angst ... hundert ... tausend unzählige Gesichter der Angst: die Angst des Angeklagten vor dem Urteil des Richters ... Angst vor einer giftigen Schlange ... die Angst des Bungee-Springers vor dem Abgrund ... die Angst des Lammes vor der Hinrichtung ... Angst vor der entscheidenden Prüfung ... Angst, dass dem geliebten Menschen etwas zustoßen könnte ... Angst vor Versagen ... die Angst des Sterbenden vor dem Tod ... Angst vor dem Verlassenwerden ... Angst vor Krankheit und Gebrechen ... Angst vor Krieg ... Angst vor dem Älterwerden ... Angst, die Selbstbeherrschung zu verlieren ... Angst, keine Liebe zu finden ... Angst vor der Angst und vor der stillen Angst der Einsamkeit ... aber auch, wie beschrieben: Angst, die Angst zu verlieren ...

Wenn der Melancholische die Angst verlöre, würde er den Palast der Melancholie verlassen und ihn nie mehr wieder finden. Die Angst hilft dem melancholischen Menschen, auf dem Weg der Melancholie zu bleiben.

»Angst
ich bete dich an
Angst
entlasse mich
oder
ich verbrenne
wie ein Falter der Nacht
in der brennenden Sonne
des Kerzenlichts«

(*Loriana Lamberti: ›fiamma‹*)

Es gibt die laut schreiende und die stille, innerlich nagende Angst. Letztere nistet in Menschen, die sich durch ihr gesamtes Leben hindurch zittern und immer den Geruch von Angstschweiß verbreiten.

Wenn wir in eine gefährliche, Angst auslösende Situation geraten, dann schrillen die physiologischen Alarmanlagen: Kämpfen oder Fliehen – dies muss in Bruchteilen einer Sekunde entschieden werden. Erstaunlicherweise sind die physisch-psychischen Krisenmechanismen beim Kämpfen und Fliehen dieselben. Die Angstreaktion – und um eine solche handelt es sich hier – lässt sich allgemein folgendermaßen beschreiben: Spannung im Bauch, hechelnde Atmung, hoher Blutdruck und Herzrasen, Erröten oder Erblassen, innere disaströse Erregung, die Stimme versagt, oder es kommt holpriges Stottern, ein Kloß ist im Hals, es zittern die Hände oder der ganze Körper, hochgradige Anspannung, Übelkeit, schnell galoppierendes Denken oder aber Denkblockade, extreme Wachheit oder Trance-verschleiertes Benommensein ... Wut über das Schicksal oder das Schicksal demütig hinnehmen ...

Was ist besser – Kämpfen oder Fliehen? Hart sein oder im Weichsein Stärke zeigen? Ein Melancholiker würde eher nicht kämpfen, er würde fliehen oder vor Angst erstarren, in Ohnmacht gleiten, oder sich gar als Opfer hingeben ... Besonders die Melancholie in ihrer weiblichen Form, die melancholische Frau, lehnt den Kampf ab, sie lässt sich vom Frieden leiten, von Gewaltlosigkeit: Fliehen statt Kämpfen ... und so wird Fliehen als Stärke erlebt.

Wenn die oben beschriebenen Katastrophen-Systeme sowohl Körper wie auch Seele erfassen, dann muss nicht unbedingt ein konkreter, Angst auslösender Grund sichtbar sein – oft ist es die mächtige Ur-Angst, die Dämme bricht und uns mit dunklen Wogen überschwemmt. Der Melancholische ahnt die Ur-Angst, die die Grenzen zwischen Diesseits und Jenseits verwischt, und der Melancholische streckt ihr, der Angst, die Hände entgegen, im Versuch einer Versöhnung ... und im Versuch, sich führen zu lassen von der Angst, ohne dass Dämme einbrechen.

»Weh mir, wo nehm' ich, wenn
Es Winter ist, die Blumen, und wo
Den Sonnenschein,

Und Schatten der Erde?
Die Mauern stehn
Sprachlos und kalt, im Winde
Klirren die Fahnen.«

(Friedrich Hölderlin: ›Hälfte des Lebens‹)

Angst ist grundsätzlich keine Krankheit. Insgesamt darf gesagt werden: Angst ist eine, so Heidegger, »ausgezeichnete Befindlichkeit« (»ausgezeichnet« im Sinne von »herausragend«). Ausnahme mag sein, wenn ein angsterfüllter Mensch seinen Zustand als Krankheit benennt und fremde Hilfe – vom Arzt oder vom Freund – erwartet; dann sollte selbstverständlich darauf eingegangen werden. Primär jedoch ist Angst Teil des *gesunden* Lebens.

»Inwiefern ist die Angst eine ausgezeichnete Befindlichkeit? …
… In der Angst begegnet nicht dieses oder jenes, mit dem es als Bedrohlichem eine Bewandtnis haben könnte. Daher ›sieht‹ die Angst auch nicht ein bestimmtes ›Hier‹ und ›Dort‹, aus dem her sich das Bedrohliche nähert. Dass das Bedrohliche nirgends ist, charakterisiert das Wovor der Angst. Diese ›weiß nicht‹, was es ist, davor sie sich ängstigt … wovor die Angst sich ängstet, ist das In-der-Welt-sein selbst.«

(Martin Heidegger: ›Sein und Zeit‹)

Angst zeigt – ohne den Geruch der Pathologisierung – verschiedene Fassetten. So man will, kann man die Angst in vier Kategorien sehen, in vier Formen der Angst, und allesamt entspringen sie der Ur-Angst, der Mutter aller Ängste, die sich schon zum Säugling mit in die Wiege legt:
1) Die regulierende Angst. 2) Die warnende Angst. 3) Die Lust-betonte Angst. 4) Die Angst als Tor zur Erleuchtung.

(1) Die *regulierende Angst* ist eine regulative Kraft in unserem Leben. Im Alltag bewahrt uns die regulierende Angst vor Unglück und Unachtsamkeit und sorgt wesentlich dafür, dass wir

in unserem Lebensweg vorankommen: Angst vor Autos führt dazu, dass wir vorsichtig die Straße überqueren. Angst vor Blamage bewirkt, dass wir im Alltag auf unser Verhalten und unsere Worte achten.

Auch eine hochgesteigerte Angst kann stimmig sein und positiv regulierend: Sie ist die treibende Kraft, um aus Katastrophengebieten zu fliehen und sich aus Bombenhagel zu retten. Im allgegenwärtigen Terror der dauernden Kriege ist es manchmal die Angst, die regulierend wirkt, auf dass die Menschen sich nicht gänzlich gegenseitig vernichten.

Melancholische Menschen spüren früher als andere aufkommende Ängste und sind deshalb vorsichtiger, zurückhaltender, besorgter und schneller bereit zu fliehen.

(2) Die *warnende Angst* wird verständlich, wenn wir uns die Angst vor schwerer Krankheit vor Augen führen. Der warnende Charakter dieser Angst ist klar: Die Angst etwa vor Lungenkrebs bringt manchen Raucher dazu, den Zigarettenkonsum zu verringern. Die Angst vor dem Verlassenwerden warnt uns, mehr Selbstwertgefühl zu entwickeln und /oder sich mehr auf den anderen, mehr auf das Du einzufühlen.

Schwerer nachzuvollziehen sind die so genannten *Phobien*: Angst vor größeren Plätzen oder dranghafter Enge in öffentlichen Verkehrsmitteln wird ›Agoraphobie‹ genannt, Angst vor dem Umgang mit anderen Menschen heißt ›soziale Phobie‹ und so weiter. Die Agoraphobie entsteht letztendlich aus der Angst vor einer ›Situation-ohne-Ausweg‹, aus der die Flucht unmöglich ist. Übergroße Zurückhaltung und Sich-nicht-durchsetzen-Können münden manchmal in eine ›soziale Phobie‹. Hier wird die soziale Phobie zur Krankheit erklärt, jedoch wollen sich manche Melancholische – aus tiefster Überzeugung – nicht unbedingt und nicht immer gegen andere durchsetzen, sondern wollen bewusst zurückhaltend sein, wollen in Konfliktsituationen schweigen, mit einem inneren Lächeln, nach dem Motto: ›der Klügere gibt nach‹. Phobie muss nicht Krankheit, sondern kann Lebensphilosophie sein.

Extremste Angst – eine so genannte Panikattacke – überfällt manchen von einem Moment zum anderen, ohne ersichtlichen Grund. Der Körper reagiert dabei, als entstünde eine lebensbedrohliche Situation: Herzrasen, Atemnot und weit aufgerissene Augen spiegeln Entsetzen und Angst vor dem Sterben. Diese überschießende Reaktion auf nicht erkennbare Bedrohung spielt auch – auf weniger dramatische Weise – eine Rolle bei so genannten ›psychosomatischen Krankheiten‹. Der Körper hat exzessive Angst und reagiert entsprechend, doch die Psyche ›weiß‹ nicht, wovor der Körper sich ängstigt. Oder die Psyche wird tief erschüttert und bezieht den Körper mit ein. In Selbstreflexion, im Gespräch mit wohlwollenden Menschen (sei es ein Freund oder ein Psychotherapeut) kann erreicht werden, dass der Betroffene das Bezogensein von Psyche und Körper wiedererkennt und die Ursachen der Angstreaktionen zu erahnen versucht. Diese heftigen Ängste – ›Angststörungen‹ genannt – haben oft ihre Ursachen in lebenserschütternden Erlebnissen, die Jahre zurück oder in der Kindheit liegen können.

Alle diese Ängste heißen warnende Ängste, weil sie den Betroffenen warnend auffordern, sein bisheriges Leben reflektierend zu betrachten und seine bisherigen Gewohnheiten zu ändern … das berufliche Tun fundamental zu hinterfragen … das Netz der Beziehungen (Partnerschaft, Freundschaften, Eltern-Kind-Beziehung) oder gar die spirituelle Orientierung anders zu gestalten … Doch Änderungen zu fordern ist leicht, sie zu vollführen kostet oft viel Vor-Überlegung und viel Kraft … Kraft, die manchen melancholischen Menschen fehlt …

Die ›Phobien‹ und die ›Panikattacken‹ sind unvollständige Ausläufer der Ur-Angst, der großen Mutter aller Ängste, deren heiliges Fieber immer in uns glüht … Es ist wohl notwendig und insgesamt dienlich, die Phobien und Panikattacken anzunehmen, in sie einzudringen und sie zu durchdringen.

Nicht durch Anxiolytika oder andere Psychopharmaka und primär auch nicht durch Verhaltenstherapie sollen Phobie und Panikattacke verwischt und verkleinert werden, sondern behutsam – unter freundlicher Begleitung – sollen diese Teil-

Ängste gar gesteigert werden in Richtung Ur-Angst. Und diese Ur-Angst begegnet uns keineswegs in Schrecken und Grauen, sondern kann uns zu einem Quantensprung in der Erkenntnis unseres Daseins verhelfen.

»Vollmond im Herbst.
Die ganze Nacht bin ich
rund um den Teich gegangen.«
(Basho, Japan, 17. Jh.)

Wenn jedoch der melancholische Mensch ›zuviel Angst vor der Angst‹ hat und zuviel Angst vor einer persönlichen Weiterentwicklung, oder wenn er, aufgrund sozialen Drucks, ein möglichst rasches Wiederfunktionieren im sozialen Getriebe anstrebt, dann können Anxiolytika und die Techniken der Verhaltenstherapie sehr wohl nützlich sein.

»Ich bin ein sehr ängstlicher Mensch«, sagte ein bekannter Schauspieler, »die Triebfeder für meine Erfolge ist die Angst.« Nimmt man diesem Mann seine Angst durch Pharmaka oder Psychotherapie, so verliert er seine Triebfeder. Denn die Angst ist auch kreatives Stimulanz.

Letztendlich soll jede und jeder Melancholische frei entscheiden, ob sie/er das Vielerlei an Ängsten mit stofflichen Mitteln (durch Anxiolytika) oder auf psychodynamische Weise (durch Psychotherapie) dämpfen und sich damit das Leben – oberflächlich gesehen – leichter machen will … oder ob sie/er bereit ist, sich von der holden Signora Angst bei der Hand nehmen zu lassen, um einen Weg zu gehen, der unbekannt ist, aber auch erstaunlich leicht sein kann …

»Träne …
Von meinen Augen fällst du,
runde Schönheit.
Fast Frucht, fast Mond,
so hilflos fällst du.
Du kehrst zurück

zum reineren Tages-Wasser,
dunkle Nahrung
hoher weißer Lilien.
Kurzlebiges Gehäuse
der Melancholie.
Nichts als eine Träne.«

(Eugénio de Andrade:›Träne‹)

(3) Anders als die bisher genannten Ängste ist die *lust-betonte,*
die *lust-volle Angst.* Sie kommt nicht von selbst, sondern sie
will gerufen und eingeladen werden. Und auch melancholische
Menschen suchen gelegentlich ihre Gesellschaft ...

So vollführt die zierliche Seiltänzerin den doppelten Salto
hoch oben im Zirkuszelt vor den angespannt schweigenden
Zuschauermassen – ohne Sicherheitsnetz. Das gibt einen
mächtigen Kick, und die Lust-volle Angst (eine Lust voll von
Angst) freut sich und ist mit dabei ... Die lustvolle Angst tri-
umphiert auch, wenn BMW-Raser auf nächtlichen Autobah-
nen mit verbotenen Geschwindigkeiten in den Rausch von
Formel-I-Rennen verfallen, lustvoll rücksichtslos gegen sich
und andere ... und wenn ein Segler die Sturm-Warnung als Signal zum Aufbruch nimmt, um ins hochgepeitschte Meer hi-
nauszufahren. Dann ist die lustvolle Angst genüsslich lächelnd
mit an Bord ... Ebenso spürt der Bungee-Springer, der aus seinem depressiven Loch herausspringen will, die Nähe der lust-
vollen Angst, wie der free-climber am Überhangfelsen ... Die
himmlische Hure ›Lustvoll-Angst‹ verteilt an Millionen Menschen unbekannte Drogen, Phantasie-vermischtes Kokain
oder Crack, oder leicht giftig designtes Ecstasy – ein Rausch
kommt auf, der jegliche Angst überwindet und im Jenseits enden kann ...

In abgedunkelten Labor-Katakomben erlaubt die Lust des
Angst-Forschers die genetische Züchtung armseliger Mäuse:
Die CRH-1-Knockout-Maus hat durch einen genetischen Ein-
griff keinerlei Angst, weder vor dem Ertrinken noch vor einer
Katze. Das Angst-erzeugende Stresshormon CRH fehlt dieser

Maus. Dieses arme Geschöpf wird der Lust der Angstforscher geopfert, um neue Anxiolytika auf den Markt zu bringen.

Aus Lust am Töten ziehen viele Männer – ohne jegliche Anxiolytika – freiwillig in den Krieg. Da verdunkeln sich die Augen der Signora ›Lustvoll-Angst‹, denn die Lust am Töten macht sie betrübt. Freiwillige Soldaten werden im Kampf-Helikopter in den Kugelhagel des Krieges hineingeflogen – Grauen, Inferno, und die Angst-Piraten lachen diabolisch, wenn sie tödlich losfeuern, und lachen auch noch, wenn sie selbst von MG-Salven durchlöchert werden … So geschehen in Vietnam, Kongo, Afghanistan, Bolivien, in den beiden Weltkriegen … und immer wieder im (futuristischen) Film, wie in »Star Wars« – Krieg der Sterne. Söldnerheere für die Kreuzritter der Angst gibt es in jeder Gegenwart, allerdings vorwiegend für Männer.

In Lust- und Leiderfahrungen des Lebens begegnet uns die Angst mit einem unbeschreiblichen Lächeln. Doch die lustvolle Angst kann auch in kleiner, netter Form erscheinen, etwa wenn Kinder in allerlei Mutproben das exzessive Kribbeln der Angst – zum Beispiel beim verbotenen Spiel auf dem Friedhof – als aufregend erleben.

Eine ganz andere Angst als die bisher genannten Ängste ist es, wenn der Melancholische spürt, dass da nicht seine eigene Angst ist, sondern dass er auch fremde Ängste und Ängste vergangener Zeiten in sein Innerstes mit aufnimmt … als wäre er in Hiroshima dabei gewesen, in Auschwitz, im Dschungelgemetzel von Indochina, bei den Sklavenverschleppungen und all den grausigen Kriegen der diabolischen Feldherren … mit dabei gewesen in den Kerkerverliesen der Folter … Der Melancholische leidet an fremden Ängsten, an Ängsten vergangener Zeiten. Der Melancholische leidet am Elend der Erde …

(4) Wenn wir uns der *Angst als Tor zur Erleuchtung* nähern wollen, so müssen wir uns vorher respektvoll und demütig fragen, ob wir uns nähern dürfen.

Sowohl die ›regulierende‹ wie die ›warnende‹ und die ›lust-betonte‹ Angst sind konkrete Ängste, die eigentlich (be-)greif-bar sind und auch von anderen, nicht betroffenen Menschen irgendwie verstanden werden. Doch das tiefe Fundament aller Ängste ist die individuell immer präsente, unbestimmte, dif-fuse Angst, die in ihrer Intensität zwar variiert, doch stets auch Brücke ist zur allgegenwärtigen und alles erfassenden Ur-Angst.

> »Und wenn man es wagt zu lächeln,
> um ein wenig
> seine Asche zu verdecken,
> ist die Traurigkeit größer
> und das Gesicht noch schwermütiger.«
>
> *(Otto René Castillo)*

Die unbestimmte innere Angst kann ansteigen wie das Wasser in einem Stausee, und dann steigert man sich in der Angst, dass der Damm brechen und man untergehen könnte. Dies ist ein Zustand, der schwer erträglich ist. Ein scheinbarer Ausweg ist die Projektion. Der von unbestimmter Angst Gepeinigte findet keine Gründe für seine Angst und sucht sich verzweifelt ir-gendeine naheliegende Erklärung: ›Wenn ich keine Schulden hätte ...‹, ›wenn mein Partner mehr zu mir stehen würde ...‹. Eine solche Projektion hat den Vorteil, dass die existenziell er-schütternde unbestimmte Angst zu einer pseudo-kontrollier-ten Angst wird, mit der man sich besser auseinander setzen kann.

Ein weiterer ›Ausweg‹ aus der Angst ist die Hoffnung. Sie kann das Bedrohliche der Angst verschleiern, sodass sie um-gänglicher wird. Andere stürzen sich in Hyper-Aktivismus und können so die Angst verdrängen. Ist das ein Ausweg?

Die uns erfüllende unbestimmte Angst kann das eigentlich Wertvolle im Leben erkennen helfen, etwa die große Bedeu-tung einer Partnerschaft gegenüber der beruflichen Karriere. Die unbestimmte Angst drängt zum eigentlich Wesentlichen im Leben, das heißt: Wir sollen uns nicht im Aufbau von ding-lich-materiellen Pseudo-Sicherheiten verlieren (Job, Eigen-tumswohnung, Aktien etc.), sondern der eigenen geistigen Entwicklung mehr Raum geben, das Diesseits und Jenseits be-trachten und versuchen, den Sinn oder Nicht-Sinn unseres Le-bens zu erahnen.

Wenn wir innerlich nackt, ohne irdische Sicherheit und auch ohne göttliches Getragenwerden die uns begegnende Angst zärtlich umarmen, so spüren wir den Hauch ursprünglicher Freiheit …

Im Diesseits das Jenseits schauen

»Ferne rückender
Räume Schattengestalten
vergehn im trüben
Schleier des fallenden Schnees
mit dem scheidenden Jahre.«

(O. Toshinari, japanische
Nonne und Dichterin, 13. Jh.)

Benares. Geboren-werden und sterben. Leben und Tod und
Leben ...

Benares – nirgendwo auf der Welt ist der Tod so leibhaftig zu
sehen. Und nirgendwo auf der Welt erscheint der Tod so –
leicht – im Sinn von Selbst-verständlich-sein. Gewähren und
gewähren-lassen. Auch den Tod gewähren-lassen. Zumal wir
gar nicht anders können als den Tod gewähren-lassen.

Benares – die Stadt zwischen Diesseits und Jenseits. Und am
Tor zum anderen Sein steht als Pförtner – der Tod.

Tausende, Zehntausende steigen die einladenden Steintrep-
pen der Ghats von Benares hinab zu den grauen, mächtigen
Fluten des heiligen, immer-und-ewig strömenden Ganges ...

Der Ganges – Alles verschlingend und alles gebend – heilig –
heiliger Ganges.

Scharen von Pilgern, alte, junge, lächelnde, siechende, sterbende ... und heilige Menschen, mit bemaltem Gesicht, spärlich
bekleidet und mager wie die heiligen Kühe ... dichtgedrängt auf
den Stufen der Ghats, stehend, verneigt oder Yogaübungen ma-
chend ... Menschen in Kleidern tauchen sich in den Ganges
oder sie waschen ihre Kleider im Fluss oder reinigen sich die
Zähne ... Marmorgefäße mit heiligen Wassern füllen sie und be-
gießen sich weihevoll ... die Augen ins Jenseits gerichtet, nahe-
sein den Göttern ... leer von Gedanken und rein im Geiste ...

Große Scheiterhaufen beginnen zu brennen, gelassen lodernde Flammen verzehren die in Tücher gehüllten toten Menschen, deren Asche dann in den Ganges gestreut wird ... Aufgehen in der Ewigkeit des strömenden Flusses.

Am Ufer des Ganges. Früh morgens im ersten Licht des entstehenden Tages. An diesem Morgen zittert diesig-blaue Luft, gelblich verschwimmen die Gebäude am Ufer, und mächtig strömt der farblos-blaue heilige Strom. Das gesamte Ufer ist mit Pflastersteinen ausgelegt, glänzend vom göttlichen Wasser. Sonnenschirme ohne Sonne, unzählige Menschen säumen die Ufer, viele noch schlafend, auf Liegen, auf Tüchern und Matten ... Meine Begleiterin und ich sind auf dem Weg zu dem Boot, das uns zur großen Verbrennungsstätte am Jalashavm Ghat bringen soll. Ein schmaler, junger Mann vom Hotel begleitet uns.

Im schaukelnden Boot. Meine Begleiterin lehnt sich an mich. Unser Boot entfernt sich ein wenig vom Ufer. Überall funkelnde Lichter, dicht bebautes Ufer, die Strömung treibt uns fort. Kleine Häuser und Hütten, Befestigungsmauern, alles eng aneinander und übereinander gepfercht, und kleine und große prunkvolle Paläste; reiche Maharajas und andere Reiche des Landes haben sie errichten lassen, um die letzten Tage und Stunden des Lebens am Ufer des heiligen Flusses verbringen zu dürfen ... luxuriöses Überschreiten der Brücke zwischen Leben und Tod.

Dichtgedrängte Boote, festgezurrt am Ufer. Unser Boot legt an. Meine Begleiterin und ich verlassen das Schifflein. Um ans Ufer zu kommen, müssen wir über mehrere andere, schwankende Boote steigen und klettern, dabei stürzt meine Begleiterin beinahe ins Wasser. Auf einer großen Terrasse am Ufer, drei riesige Feuer. Wir steigen langsam eine alte steinerne Treppe empor. Direkt vor uns lodert ein Scheiterhaufen aus fein geordneten, hochgeschichteteten Bündeln von Holz, und oben in der Mitte, ein bisschen noch zu erahnen, liegt der in Tüchern gehüllte Tote – verglühend ... alles brennt gleichermaßen, Holzscheite und Arme und Beine und Leib und Gesicht und

Tücher, prasselndes Feuer, das keine Einzelheiten mehr erkennen lässt, und feiner Rauch und Wärme und der – erstaunlich? – angenehme Geruch von frisch züngelnden Flammen … Rings um diesen Scheiterhaufen sitzen mehrere Dutzend Männer und Frauen, manche haben zusätzlich zu ihrer Kleidung noch Tücher umgehüllt, wohl wegen der morgendlichen Kühle … Tücher – Totentücher? Einige dieser Tuch-verhüllten Menschen sehen aus, als würden sie gelassen auf die eigene Verbrennung warten. Kein Wehklagen, kein Weinen, gelassene Trauer, die aufgeht in den Flammen, in Asche, die zu Boden staubt, und in Rauch, der aufsteigt in graue, zuckende Morgenluft, hoch in den Himmel … in ein Jenseits der Sehnsucht… in ein Jenseits der Sterne …

Wir gehen zwischen sitzenden Zeugen des metaphorischen Feuers hindurch, niemand gibt uns Beachtung. In der Morgenkühle frösteln wir zitternd, so treten wir noch näher ans wärmende Feuer … Ein – toter – Mensch wird durch Feuer überführt in Wärme und kleinste Teilchen, beides spüren wir – fein-riechender, verwehter Rauch, wohl-tuende Wärme … Das Spiel der raschen Flammen auf dem Gesicht meiner Begleiterin – wechselnd – mal hellgelb, dann gedämpft rötlich … Die Flammen malen auf den Kleidern der kauernden Menschen, auf dem glänzenden Boden und den hellen Wänden, malen ein tief-bewegtes, vielstimmiges Totengemälde, gefüllt mit grenzenlosen Leiden und fortwährendem Glück … Benares …

Benares, the city of learning and burning.

Wir sind wieder in unserem Hotel, im Nadu Guest House. Die Hotel-Receptionistin trägt heute einen auffällig gemusterten Sari und gibt sich arrogant, abweisend. Distanziert bleibt sie auch, als am Nachmittag – in der langsam sich neigenden Sonne – eine viel-leibige Familie im Hotel ankommt. Inmitten der bedrückend trauernden Familie siecht ein junger Mann, vielleicht 20-jährig, trotz seiner Jugend sehr krank und sichtlich sterbend. Rabindra heißt der junge Mann, seit Wochen schon war der Tod als Gefährte an seiner Seite, doch anfangs bemerkte er ihn nicht, denn eigentlich erfreute er sich ursprünglich bester Gesundheit. Rabindra wird – begleitet von seiner Familie und begleitet vom Tod – ins Nadu Guest House gebracht, nach Benares.

Nach Benares zum Sterben …

Den Sterbenden bringt man in ein besonderes Gästezimmer, das ein Fenster hat zum heiligen Ganges, auch wenn man ihn, den heiligen Fluss, nicht sieht, man spürt ihn und kann sich vor ihm verneigen. In diesem Zimmer, eben in diesem Zimmer war am Vortag ein Mensch, eine junge Frau, verstorben … ein Teil ihrer Seele schwebt noch in diesem Zimmer und – nachdem Rabindra ein wenig Ruhe, ein wenig Frieden gefunden hat, flüstert die teilige Seele der Verstorbenen vom Vortag: »Ach, kein Lebender kann sich vorstellen, wie wunderbar es ist, tot zu sein!«

›Du lebst,
    um zu sterben
Du stirbst,
    um zu leben‹

Vom Diesseits ins Jenseits …

Und es gibt diesseitige Menschen, und es gibt jenseitige Menschen.

Diesseitige Menschen sind sehr lebensbejahend, sie steigern sich in irdische Aktivitäten. Gern ernten sie dabei kleine und große Erfolge, und möglichst oft wollen sie genießen, ob gutes Essen, wilden Sex oder feine Kultur. Natürlich gehören auch strahlende Gesundheit, Jugendlichkeit und Fitness dazu, um die schillernden Feste des Lebens gebührend zu feiern. Wenn diesseitige Menschen sich eine Religion zu eigen machen, dann tun sie dies vor allem mit dem Ziel, in ihrem gelebten Alltag besser voranzukommen. Für den diesseitigen Menschen dienen Vorstellungen vom Jenseits – auch wenn sie wichtig erscheinen – nur zur Rechtfertigung seines irdischen Handelns. Der Tod wird als maximales Unglück erlebt, als ›Ende mit Schrecken‹. Als grauenhafte Kapitulation gilt das eigene Sterben, leider unvermeidlich und niemals erwünscht.

Der diesseitige Mensch strebt letztendlich nach dauerhaft irdischem Glücklichsein, was er nie, nie erreichen wird. Doch das von Anfang an immanente Scheitern seines Tuns blendet der diesseitige Mensch geschickt durch Dauer-Ablenkungen aus.

Anders sind die *jenseitigen Menschen*, die unter dem ›normalen Leben‹ (dem Leben der diesseitigen Menschen) leiden. Die jenseitigen Menschen wollen und können sich nicht an die herrschende Realität der Diesseitigkeit anpassen. Manche der jenseitigen Menschen unterwerfen sich unglücklich einer Teilanpassung, um wenigstens notdürftig und wenig gestört im Diesseits über-leben zu können.

Der Weg in die Tiefen der eigenen Seele ist zugleich ein Weg in eine jenseitige Welt.

Für den jenseitigen Menschen wird auf geheimnisvolle, ja mystische Weise tief im Innern der Seele das Göttliche, Kosmische, das unendliche Alles oder das unendliche Nichts offenbart. Dieses *erfahrungsgemäße Innewerden des Jenseitigen* wird nicht allen Menschen zuteil, aber über Jahrhunderte, Jahrtausende hinweg wird es als innere Erfahrung von so genannten ›naiven‹ Menschen und ebenso von so genannten ›weisen‹ Menschen übereinstimmend bezeugt. *So können wir die Erkenntnis eines Jenseitigen als Faktum nehmen, ähnlich wie wir die Erkenntnisse der modernen, zweckorientierten, materialistischen Wissenschaft als Fakten akzeptieren.* Der jenseitige Mensch überschreitet in emotionaler Transzendierung die Grenze der Alltagsrealität, er erahnt eine »Ur-Seele«, er gelangt in eine andere – kosmische – Welt.

Die Verbindung zwischen irdischem Diesseits und geistigem Jenseits erleichtern dabei die – den verschiedenen (Natur-)Religionen eigenen – »geistigen Wesen« wie Halbgötter, Heilige oder Engel, die in ihrem Sein nicht an Materielles gebunden sind. Auch die menschliche Seele darf sich als »geistiges Wesen« erfahren, wenn wir davon ausgehen, dass sich die Seele zwar mit dem – materiellen – Körper verbindet, aber auch ohne ihn sein kann. Nicht nur beim Tod des individuellen Körpers, sondern auch im meditativen Bezogen-sein zum Kosmischen oder Göttlichen kann die (Individual-)Seele zum geistigen Wesen werden (den individuellen Körper überschreitend, ohne ihn zu verlassen).

Für viele jenseitige Menschen gibt es außer den Menschen-, Tier- und Pflanzen-Seelen noch andere »irdische Geistwesen«: Naturgeister, Elfen, irdische Engel, Seelen von Verstorbenen, »verirrte Seelen«, Spukgeister, Dämonen, persönliche Schutzgeister und Schutzengel … Mit den üblichen, materie-orientierten Wissenschafts-Methoden gelingt es nicht, irdische Geistwesen zu ergründen, aber auch ihre Nicht-Existenz lässt sich nicht beweisen. Das individuelle, erfahrungsgemäße Innewerden solcher Geistwesen durch Millionen Menschen über Tausende von Jahren darf als Realität gesehen werden, als eine Realität, die auch den jenseitigen Menschen durchdringt.

Der so beschriebene ›jenseitige Mensch‹ ist in der Melancholie zu Hause. Und der Tod ist für ihn etwas Vertrautes, ja sogar etwas Erlösendes, ein Übergang von einer Daseins-Form in eine andere, ein Wieder-eins-werden mit *allen* lebenden Formen. Das Sterben wird als Teilerscheinung gesehen im zyklischen Rhythmus von Geburt – Tod – Geburt – Tod – Geburt … Das diesseitige Leben kann gar als leidvolles Getrennt-sein vom kosmischen Ganzen erlebt werden, und so führt der Tod zur Befreiung und zum Wieder-eins-werden mit dem Kosmischen: *Manche wissen dies als Wahrheit. Und manche wissen eine andere Wahrheit.*

Der jenseitige – oder der melancholische – Mensch strebt mit seinem ganzen Herzen nach einem friedlichen, allumfassenden Ganzen, nach göttlichem Sein und … und doch durchbohren ihn immer grundsätzliche Zweifel. »Das Ich mit seiner Selbstbetonung ist nicht verschwunden, sondern nur unterdrückt«, schreibt Emil Mattiesen über den jenseitigen Menschen.

Im Diesseits leben und nach dem Jenseits streben und gleichzeitig immer ein letztendlich Unwissender sein: Manch melancholischer Mensch schöpft aus diesen scheinbar gegensätzlichen Quellen und erschafft so einen einheitlichen Fluss, der Kraft gibt für das menschliche Dasein …

Der jenseitige, der melancholische Mensch wird mit seiner inneren Einstellung durch die herrschende Realität der Diesseitigkeit tagtäglich in Frage gestellt und unter Druck gesetzt, er möge doch bejahender sein gegenüber der schillernden Welt des Konsumismus mit all seinen Vergnügungen ...

> »Wie Orpheus spiel ich
> auf den Saiten des Lebens den Tod
> und deiner Augen, die den Himmel verwalten,
> weiß ich nur Dunkles zu sagen.«
>
> *(Ingeborg Bachmann: ›Dunkles zu sagen‹)*

In den westlichen Industriestaaten leben wir im Zeitalter des diesseitig orientierten Konsumismus. Hier gelten Kranksein, Altern und Sterben *nicht* als integrierter Teil des *gesamten* Lebens, sondern sind eine Niederlage, ein erschütterndes Signal, das die Grenzen der menschlichen Existenz bedrohlich aufleuchten lässt. Im scheinbar grenzenlosen Konsumismus und inmitten der schillernden Medienwelt ist Sterben eine Kapitulation, die die oberflächliche Leichtigkeit des Seins unangenehm stört. Der zweck-rationale Mensch im westlichen Konsumismus glaubt nicht an ein Leben nach dem Tod, weil es nicht vereinbar ist mit technisch-naturwissenschaftlichem Fortschrittsdenken, einem Fortschrittsdenken, das nach *irdisch*-göttlicher Allmacht strebt: Geklonte Tiere und Menschen werden erschaffen, und man reist mit Raketen durch das Sonnensystem. Zu solchen Allmachtsgefühlen passt nicht die Ohnmacht, die einen überfällt, wenn ein Mensch schwer krank wird und stirbt. Der Tod, der auf der ganzen Welt spazieren geht, belächelt die letztendliche Hilflosigkeit und das Ausgeliefertsein des Menschen, und der Tod belächelt auch die gentechnischen Mega-Labors und die gigantomanischen Raumfahrtstationen.

Der Mensch, der innerhalb der Konsumismus-Religion lebt, begreift den Tod als endgültiges Ende des Lebens: Der Mensch bewegt sich ein Leben lang auf eine Deadline zu und stürzt dann ins allmächtige Nichts. Das war's dann – ist der Körper tot, ist das Leben vorbei.

Im sozialen Denken und in der profanen Religion des westlichen Konsumismus geht es nur um Lebende, nicht um Tote. Zwar erfährt der Leichnam noch eine kurze Aufmerksamkeit – Aufbahrung, Begräbnis –, und die ehemalige Persönlichkeit des Toten wird noch gewürdigt. Von den ihm nahestehenden Menschen wird er in Erinnerung behalten, aber all dies unterliegt in der westlichen Warengesellschaft einem Verfallsdatum. Der westliche Konsumismus kennt kein Weiterleben nach dem somatischen Tod, seine einzigen ›geistigen Werte‹ sind Macht, Profitmaximierung und die intellektuelle oder die körperliche Fitness des Einzelnen. Hierfür ist die weitgehende Entfremdung des Menschen Voraussetzung. Der Konsumismus reduziert die Menschen auf die Kategorien Produzent und Konsument. Das betrifft auch die vom Konsumismus präsentierten Vorbilder und Ideale, also die bewährt-bekannten Figuren aus Sport, Show, Business, Politik, TV und Werbung. Natürlich wird die dauernd-fröhliche Oberflächlichkeit zwischen Champions League und langbeinigen Mannequin-Darbietungen immer wieder unterbrochen von Todesnachrichten berühmter Menschen, Flugzeugabstürzen, Naturkatastrophen … Der Tod wird dabei als grauenhaftes Schicksal begriffen, als end-gültiges Ende und nicht als krisenhafter Übergang von einer Seinsform in eine andere, nicht als Wechsel vom irdischen Leben in ein zu erahnendes geistiges Leben. Der Konsumismus ist Materialismus, und das heißt, dass mit dem Tod der Körperzellen, dem zytologischen oder molekularen Tod, der ganze Mensch – samt Geist und Psyche – tot ist. Nicht einmal Organverpflanzungen sind in diesem Stadium des Verfalls mehr möglich.

Im Konsumismus zählt nur die fassbare, direkt-erlebbare Realität. Ein wie auch immer geartetes Jenseits oder Kosmisch-Göttliches spielt keine zentrale Rolle, auch wenn manche Exponenten des Konsumismus – vor allem Politiker – sich zu einem religiösen Glauben bekennen; dabei bleibt irrelevant, ob es sich bei dieser politisch genutzten Religion um Christentum, Islam, Hinduismus oder Buddhismus handelt. Das Göttliche wird von der Mehrheit der im Konsumismus lebenden Menschen vor allem dann angerufen, wenn sie aus einer privaten Katastrophe gerettet werden wollen oder um Beistand bitten für die Lösung familiärer, beruflicher oder wirtschaftlicher Probleme.

Die offiziellen Kirchen dürfen sich innerhalb des Konsumismus zwar spirituell gebärden, aber sie haben keinen maßgeblichen Einfluss auf die staatliche Politik. Das Gros der ›kirchlichen Würdenträger‹ hat längst die Religion des Konsumismus mit der eigenen kirchlichen Religion vermischt. Natürlich gibt es unzählige Mitglieder religiöser Gemeinschaften, die sich innerlich losgesagt haben vom Konsumismus-Kompromiss-Kurs ihrer Oberhäupter und eigene spirituelle Wege suchen. Und nicht wenige Menschen erfahren das Leben – auch das Leben im relativen Wohlstand – als ›Trennung‹, und erleben den Tod als Heimkehr.

Wer jedoch die Zeit nach dem Tod nur als Organzerfall, als Vermodern oder Verbranntwerden vor sich sieht, der wird Angst und Grauen empfinden vor dem Sterben. Und wer sich ein Weiterleben nur in Form einer transplantierten Niere vorstellen kann, wird es schwer haben, aus dem diesseitigen Leben zu scheiden.

> »Jetzt, zuletzt, mein alter hartnäckiger Gegner,
> Sollst du keinen Widerstand mehr finden.
> Da ich, mich zur Wehr setzend, nichts
> Erreiche, als die Pein zu mehren,
> So will ich endlich nicht mehr derart handeln.«
>
> *(Anne Finch, ›Ardelia to Melancholy‹)*

Mit dem Tode zerfällt der Körper, und die Individual-Seele wird wieder nicht abgrenzbarer Teil der Ur-Seele … Die individuelle Seele kehrt gewissermaßen wieder heim in den Ur-Zustand … Könnte es so sein?

Tod.

Der körperliche Tod hat eine auffällige Ästhetik. Der Tod ist zu sehen, zu riechen, zu schmecken und zu spüren, zu hören, zu intuieren … mit allen Sinnen zu erfahren …

Mit allen Sinnen wahrzunehmen ist der Tod.

Durch die Öffnungen des Körpers – Mund, Augen, Nase, Ohren … entweicht das Leben und löst sich auf … in Nichts? Das Leben entschwindet, der Tod kehrt ein. Der Tod zieht in den Körper durch dieselben Öffnungen ein, durch die das Leben verhaucht.

Die Körperöffnungen geben ihren Widerstand auf, sie werden zu großen Löchern, die sich nicht mehr schließen, nie mehr schließen … die vormals verschließbaren Öffnungen des Leibes wandeln sich zu Toren ohne Türen, die den Tod einladen. Vormals Leben-sprühende Körperöffnungen werden jetzt Tod-bringende Körperöffnungen: Mund, Augen, Nase, Ohren, frontale Fontanelle, Harnröhre, Vagina, Anus, Hautporen … Der Tod macht aus dem Mund einen unförmig aufgerissenen Krater, aus dem Speichel und Erbrochenes als feines Rinnsal tropfen … Aufgerissen sind auch die Augen, getrübt vom letzten Anblick, verformt die Pupillen …

Der Tod liebt anfangs die Wärme des Körpers: Lange noch bleibt der Leib – obwohl tot – seltsam warm, manchmal länger als einen Tag und eine Nacht. Doch schon nach zwei oder drei Stunden erscheinen die Farben des Todes auf der Haut, blau-livide Flecken, die immer größer werdend zusammenfließen. Und der Tod ist nicht passiv, er bewegt die Muskeln und lässt sie, oft erst einen Tag nach dem letzten Atemzug, in sich kontrahiert erstarren. Totenstarre, die der Tod – wiederum einige Tage später – löst, erlöst … Hoc est enim corpus meum. Erlösung durch den Tod? Oder: Verurteilt zum Tode?

> »Nur im Todeswunsch sind wir dem Tod überlegen, denn wir sterben lebend unseren Tod … Nur indem du ohne Unterlass verlöschst, erlöschst du ihn in dir, schränkst du seine Unendlichkeit ein. Wer die Intimität des Todes vor dem Sterben nicht erlebt hat, purzelt – des Endes unwürdig – erniedrigt ins Unbekannte.«
>
> *(E. M. Cioran: ›Gedankendämmerung‹)*

Wie ist es, wenn wir nicht warten, bis *er* zu uns kommt, sondern wenn wir den Tod ›zwingen‹, zu uns zu kommen …

Selbstmord oder Freitod? Den Tod aus Verzweiflung herbeirufen: Dies wird Selbstmord genannt. Und den Tod aus vermeintlich freier Entscheidung herbeirufen: Dies wird Freitod genannt.

An sich ist jeder Erwachsene für sich selbst verantwortlich und kann wählen zwischen Existenz (Leben) und Nicht-Existenz (Selbst-Tötung). Doch wenn die Seele von Trauer und Verzweiflung umnachtet ist, dann vermischt sich im Schleier der Tränen die umgebende Realität. Darf man dann noch von Selbst-Entscheidung und Selbst-Verantwortung sprechen …?

Der Tod tanzt immerzu an allen Orten. Fordert *er*, der Tod, uns auf zum letzten Reigen, oder sind *wir* es, die den Tod umschmeicheln?

Freitod: Soll die endgültige Befreiung vom Leben – gewaltsam? – herbeigeführt werden?

Den Gedanken, sich vom Leben zu verabschieden … sterben zu wollen … diesen Gedanken haben wohl viele schon einmal in ihrem Leben gehabt: Der Gedanke, sich zu töten, war da, doch es folgte nicht die selbst-tötende Tat … Vielleicht blieb dennoch die Todessehnsucht, das stille Verlangen zu sterben …

> »Einsam bin ich
>   und werd' es immer bleiben
> werd' Nacht für Nacht
>   schlaflos, denkend, ohne Sterne sein
> werd' durch laute Straßen
>   im Neonlicht
>   sinnlos eilen
> bis der gläserne Wahnsinn
>   in der Hand
>   zerbricht.«
>
> *(Loriana Lamberti, ›nessuna pietà‹)*

Was ist Diesseits, und was ist Jenseits? Den Menschen im westlichen Konsumismus, aber auch den Menschen im staatskapitalistischen China wird zugemutet, dass sie sich mit dem diesseitigen Leben begnügen, mit der ihnen zugestandenen Zeit als

Lebende zufrieden sind und den Tod als endgültige Vernichtung ihrer Existenz akzeptieren. Verzweiflung und Leiden, Krankheit und Elend bleiben in einer Diesseits-Philosophie prinzipiell ungetröstet und ohne Hoffnung. Wer ein Paradies will, muss es hier auf Erden anstreben. Alles konzentriert sich auf das diesseitige Leben, denn vom Jenseits ist – aus Sicht der materiellen Philosophie – nichts zu erwarten. Und dennoch glüht selbst beim überzeugtesten Materialisten tief im Innern eine Jenseits-Hoffnung: Sobald man die Todesschwelle überschreitet, betritt man – vielleicht doch? – ein anderes Sein ...

Die Vorstellung von einem weit entfernten Jenseits ist eine menschliche Ur-Erfahrung, die sich schon beim bloßen Blick in die Weiten des Himmels, beim Blick in die endlosen Sternenmeere ergibt. Angesichts des mächtigen Sogs, der vom Kosmos ausgeht, ist es stimmig, wenn die Menschen ihre kleine, einfache irdische Existenz in geistiger Weise überschreiten, über sich selbst hinausgehen – transzendieren ... Der Geist des transzendierenden Menschen verlässt sein kleines körperliches Sein und begibt sich in ein fremdes, andersartiges Gegenüber, in ein geheimnisvolles Jenseits ... Dieses kosmische Jenseits ist zu fremd, als dass es verstanden oder gar in Worte gefasst werden könnte.

Und was geschieht, wenn der Tod als Vermittler zwischen Diesseits und Jenseits wirkt, wenn er den Menschen aus dem Diesseits entlässt?

Unterschiedlich stellen sich die einzelnen menschlichen Kulturen ihr Jenseits vor: Die einen glauben an ein himmlisches Paradies, das dem Leben auf Erden ähnlich ist, doch ohne Leid, dafür viel Überfluss und Liebe bietet. Die anderen – etwa die Taoisten – sehen die Beziehung von Diesseits und Jenseits als ewigen und dauernden Wechsel, als Einatmen und Ausatmen des Universums, als Tag und Nacht, Yin und Yang, als Sein und Nicht-Sein ... Die Lehre des Taoismus fordert die Menschen auf, sich widerstandslos dem kosmischen Selbst hinzugeben, dem Weg (Tao) des Universums. Tao ist Himmel und Erde gleichermaßen und fasst alle Wesen und Dinge des Uni-

versums zu einer Einheit zusammen. Der Mensch soll sich –
ohne Egoismus – dem Lauf der Dinge fügen ...

>»Himmel und Erde überdauern alle Zeit,
sie überdauern alle Zeit,
weil sie nicht immer um ihrer selbst willen leben.
Deshalb können sie immer leben.«

(Laotse: ›Tao-te-king‹)

Leben und Tod gehen fließend ineinander über, die Grenze
zwischen beiden ist nur willkürlich vom Menschen gezogen.

>»Die Sonne am Mittag
ist eine untergehende Sonne,
die lebende Kreatur
ist eine sterbende Kreatur.«

(Hui Shi: ›Zhuangzi‹, 4. Jh. v.Chr.)

Aus der Sicht von Hui Shi kann der Tod nur dann überwunden
werden, wenn der Einzelne den Wandel seines Seins, sein Sterben, ohne Widerstand annimmt, ja sogar freudig empfängt.

Trotz aller gesamtheitlichen Betrachtung des Universums
und all seiner kosmischen oder göttlichen Dinge und Wesen
wird – im Volks-Taoismus, wie in allen Volks-Religionen – das
Jenseits auch mit vielen tröstlichen Naturgeistern und hilfrei-
chen Himmelsgöttern bevölkert, und das Diesseits durchzie-
hen Ahnenseelen und Dämonen. Und natürlich hat auch der
im Taoismus Sterbende mitunter Angst vor dem Ende seines
Lebens, und ebenso natürlich trauern die Zurückgebliebenen
und verzweifeln ... trotz des verheißungsvollen »wer dem Tao
folgt, wird eins mit Tao ... und wenn du eins bist mit Tao, wirst
du von Tao mit Freuden aufgenommen« (Tao-te-king).

Zwischen den Aussagen des Tao-te-king und der jesuani-
schen Botschaft lassen sich manche Parallelen entdecken. Und
sowohl das Tao-te-king wie auch das Neue Testament gehören
– zusammen mit dem Kommunistischen Manifest – zu den am

meisten gelesenen Schriften: Die Menschen sehnen sich nach einer Brücke in eine bessere Welt …

Und der Tod lächelt und steht – oft ungenannt – immer wieder im Zentrum religiöser und philosophischer Betrachtungen, ist stets ein Mittelpunkt bei den Naturreligionen und immer, ja immer ist er präsent in unserem Alltag, er berührt jeden – persönlich – mehrmals im Laufe der Jahre …

Das Leben – das niemand versteht …
Und den Tod – den niemand versteht …

… Marco C. lebte in F., jener kleinen Stadt am Meer, dort lebte er schon immer: Übliche Kindheit, Schulzeit, kein Gymnasium. Wild-fröhliche Zeiten als ragazzo. Erste Verliebtheit. Enttäuscht, traurig, dann auf Eroberung. Eine Lehre als Bäcker, nicht abgeschlossen. Heimlich, im Pinienwald am Strand, mit der neuen kleinen Freundin – trotz störender Kleider erregt in sie gedrungen … Seine Jugendliebe wollte ihn heiraten, doch er – ein halbes Jahr später – ging als Hilfskellner in die Schweiz. Mit dem Traum vom großen Geld. Jahre später kehrte er zurück nach F., der Stadt am Meer: Loredana, die er ein bisschen von früher kannte, heiratete er nun. Und ein Jahr später ward eine Tochter geboren, gesund, munter, schwarzhaarig wie die Eltern … Marco sagte: ›Ich liebe meine Frau Loredana‹. Und Marco lebte gerne, gerne in der kleinen Stadt F., gerne dort, wo er groß geworden war. Er hatte einen Job bei Ali-frost, hatte viele Freunde und eine stets besorgte Mutter. Das war Marcos Alltag … doch ein vernichtender Strahl zerschlug diesen Alltag …

… Marco wurde krank. Plötzlich. Von einem Tag zum andern. Krank. Schwer krank. Kein Fußballspiel mehr am Samstag oder Sonntag beim A.C.F. Keine Besuche mehr in der Bar am Meer, café oder vino. Kein Helfen mehr beim Marktstand seines Schwagers, jeden Donnerstag Nachmittag. Keine Ali-frost-Fahrten mehr. Keine Sonntags-Spaziergänge mit Familie, wobei Loredana immer Minirock trug.

Marco war krank, sehr krank. Luftnot. Eine vergebliche

thorakale Operation, Brustkorb geöffnet und Teile einer großen zell-entarteten Wucherung entfernt, radioaktive Bestrah-
lung, Übelkeit und Schmerzen, Chemotherapie intravenös ...
zwischen Klinik und zu Hause ... Marco spürte – in jedem Augenblick – sein Leiden, Luftnot, körperlichen Zerfall. Auszeh-
rendes Leiden unter strahlender Sonne und blauem Himmel.
Am Meer. Einsam-in-sich geworden ward Marco.

Eines Tages saß Marco am Meer und sah das Meer – wie nie
zuvor in seinem Leben ... sah das Meer ... und den Tod ...
Marco saß da, im Sand, und sah in die Ferne – der Horizont
war weit entfernt und ihm dennoch ganz nah ... Marco sah
weit draußen im Meer ein Wesen im weißen Kleide, das ihm
winkte ... Er folgte dem Wesen, dann wurde er an der Hand genommen und geführt ... er war unendlich traurig und unendlich erlöst ... Marco blickte noch einmal zurück ... am Strand
waren seine Mutter, seine Frau Loredana und das kleine Töch-
terlein – die drei weinten bitterlich und winkten und Marco
weinte mit ihnen ... und gleichzeitig ging Marco leichten Herzens mit Ruhe und Sehnsucht dem Ende des Meeres entgegen ...

... Tage nach dem Begräbnis kniete Loredana in der Kirche
Santa Croce vor einem Marienaltar und ihr Körper schüttelte
sich in Tränen und Trauer ... »Warum« – so flüsterte Loredana
vorwurfsvoll – »warum, oh heilige Maria, hast du mir die Liebe
meines Lebens genommen ...?« Mit schmerz-gefüllten Augen
sah Loredana in das Antlitz der Marienstatue ... und Loredana
wunderte sich nicht, als die Heilige ihr antwortete: »Ich habe
Marco, deinen Mann, nicht von dir genommen – das war der
Tod, und der ist mächtiger als ich ... du weißt, auch mir hat der
Tod einst schlimmstes Leid zugefügt.«

Loredana stand auf und schritt nach draußen. Da lief ihre
kleine Tochter auf sie zu, und die beiden umarmten sich. Loredana nahm ihre Tochter bei der Hand und ging nach Hause, da
fragte die Kleine: »Mama, kommt morgen der Papa wieder zu
uns ...?« Und da musste Loredana erneut bitterlich weinen ...

»Das Weinen ist ein ungeheurer Hund,
das Weinen ist ein ungeheurer Engel,
eine ungeheure Violine ist das Weinen.
Die Tränen bringen den Wind zum Schweigen
und man hört nichts als Weinen.«

(Federico Garcia Lorca: ›Vom Weinen‹)

Bei so viel Leid zeigt der Tod auch Mitleid, und wie sieht dieses Mitleid aus? Schickt der Tod tröstende Seelengeister, oder tröstet er mit der Hoffnung, dass er das Leid irgendwann bald beenden werde, beenden durch die Einladung: man möge doch zu ihm kommen …

Als Loredana älter war – Jahrzehnte vergangen seit Marcos Tod –, da stellte sie eines Abends eine brennende Kerze auf den Tisch ihrer Terrasse. Loredana setzte sich zur Kerze, die Flamme betrachtend. Und Loredana dachte zurück an Marco und dachte an ihre inzwischen erwachsene Tochter … Loredana gedachte all der Menschen, die sie liebte. Da erschien Loredana der Tod in Gestalt eines Käfers, der in die Kerzenflamme flog und verglühte …»ich folge dir, Geliebter«, dachte Loredana lächelnd …

Es lächelt der Tod … und es lächeln manche Tod-geweihte … Andere Todgeweihte sind von Angst und Grauen erfüllt und wieder andere sterben in ekstatischer Verzückung. Wie wirst du einmal – irgendwann einmal – sterben … wie …? Wie die Grenze vom Diesseits zum Jenseits überschreiten …?

Vor mehr als tausend Jahren lebte im fernen China in einem Kloster der Zen-Meister Hoshi-Toku. Er war alt an Jahren. Zu seinen Mönchen und Kloster-Eleven sagte er eines Abends im Winter:»Wenn der Schnee aufhört, zur Erde zu sinken, so werde ich für immer von euch gehen.« Die Schüler glaubten ihm nicht, da hell die Sterne am Himmel glänzten und der Mond leuchtete.

Doch am folgenden Morgen schneite es heftig, und als alles schneebedeckt war, da hörte gegen Mittag das Schneegestöber auf. Hoshi-Toku rief erneut seine Mönche und Eleven zu sich, und wieder sprach er: »Ich werde baldig sterben, bitte schreibe«, so bat er einen der Eleven, »bitte schreibe meine letzten Verse.« Und Hoshi-Toku sagte:

> »Ich komme aus dem Nichts
> ich kehr' heim ins Nichts
> was bedeute ich ...?«

Der schreibende Eleve wagte einzuwenden, dass – nach der traditionellen Versform – die vierte Zeile fehle. Da rief Hoshi-Toku mit unheimlich fremd klingender Stimme: »Kaaa« – und in diesem Moment erlöschte sein Leben. Die Mönche und Eleven saßen starr mit aufgerissenen Augen – sie hatten den Tod gesehen, doch keiner vermochte ihn anschließend zu beschreiben.

Der Tod beendet die Existenz alles Lebenden, und jeder Mensch – jeder – erfährt ihn. Ein immer und überall herrschendes Phänomen ist der Tod, und manche Menschen haben offenbar die Fähigkeit, dieses grenzenlose Phänomen fokussiert zu erleben: So wird der Tod zu einem wahrnehmbaren, zum Beispiel menschenähnlichen Wesen, oder ein Verstorbener erscheint dem Lebenden in seiner ursprünglichen Gestalt. Als Halluzinationen disqualifizieren die Psycho-Experten solche über den Durchschnitt hinausgehenden Wahrnehmungsfähigkeiten, zu denen vor allem Kinder und feinsichtige Erwachsene imstande sind. Bei ›normalen‹ Menschen wird die Wahrnehmung durch Angst massiv eingeengt, Angst, dem Tod zu begegnen, und Angst, verstorbene Angehörige könnten als Dämonen oder Geister oder herumirrende Seelen uns beunruhigen.

Der dreijährige Frederic war eine Woche nach dem Begräbnis seines Opas in dessen Haus, und Frederics Eltern und viele andere Verwandte waren da. Die Erwachsenen versammelten sich im ehemaligen Wohnzimmer des Großvaters und suchten – durchaus gütlich – nach einer Einigung, was mit dem jetzt leer stehenden Haus des Verstorbenen geschehen sollte. Der kleine Frederic ging allein in die geräumige Küche des alten Hauses, und dort sah er im großen Lehnsessel seinen Opa sitzen … der Opa schien in Gedanken versunken und schüttelte wiederholt den Kopf, doch als er seinen Enkel Frederic erblickte, lächelte er ihm zu. Frederic blieb zunächst stehen und schaute, da lief er plötzlich fort aus der Küche zu den Erwachsenen hinüber und erzählte, was er gesehen hatte. Doch niemand schenkte ihm Glauben, nur seine Mutter kam – auf Drängen Frederics – mit ihm in die Küche.»Hier – schau!«, rief Frederic und deutete auf den Sessel. Frederics Mutter sah nicht das, was Frederic sah, aber sie spürte, ja sie spürte die Anwesenheit des alten Mannes, der ihr Vater war, und es überkamen sie Sehnsucht und Nähe zum geliebten Vater und gleichermaßen Angst …

»Zu Boden gefallen
sind die Blumen,
hinterlassen haben sie
Symbole des Todes.«

(Loriana Lamberti: ›Solitudine‹)

Der Tod hat einen kleinen Bruder, den wir alle bestens kennen – den Tiefschlaf.»… der Schlaf ist der genossene Tod«, so der Dramatiker Friedrich Hebbel.

Viele ältere Menschen sterben im Schlaf, gleiten aus tiefer Versenkung in den Tod,»ent-schlafen«, wie es heißt.

In vielen Naturreligionen sind die Dämonen und Götter, die den Schlaf bewachen und schützen, identisch mit den Hütern des Todes. Das macht den Schlaf für manche von uns unheimlich, und sie haben große Scheu, sich dem Schlaf in voller Tiefe hinzugeben, die Nähe des Todes macht Angst und hält wach. Doch eigentlich wissen wir aus Erfahrung – und dies ist durchaus beruhigend: Wenn wir uns abends dem Schlaf anvertrauen, dann können wir davon ausgehen, dass wir am Morgen zu neuem Leben erwachen.

Im traumfreien Tiefschlaf sind wir befreit von jeglichem

Leid, da sind weder Angst noch Zwang, weder Trauer noch Schmerz. Wir verlieren im Tiefschlaf gewissermaßen unseren Körper, und auch unsere Umwelt verschwindet, unsere Familie, unser Haus, unsere Freunde, Beruf und Heimat – alles löst sich im Tiefschlaf auf in Nichts ... Der Tiefschlaf nimmt uns die Höhen und Tiefen des Lebens, und wir versinken in unendlich-scheinendem, stillem Glücklichsein ...

Wenn wir das Überschreiten der Schwelle zum Tod vergleichen mit dem Eintritt in den Tiefschlaf, dann folgt – im Rhythmus des Universums – dem Abend des Sterbens ein Morgen des Erwachens ...

> »Das Nicht-Sein ist der Beginn
> von Himmel und Erde
> Und das Sein ist die Mutter
> der zehntausend Dinge
> ...
> sie tragen verschiedene Namen
> und sind dennoch gleichen Ursprungs.«
>
> (›Tao-tê-king‹)

Die Romantik lebt

»Es war, als hätt der Himmel
Die Erde still geküsst,
Dass sie im Blütenschimmer
Von ihm nun träumen müsst.
...
Und meine Seele spannte
Weit ihre Flügel aus,
Flog durch die stillen Lande,
Als flöge sie nach Haus.«

(Eichendorff: ›Mondnacht‹)

Das Wesen der Seele ist ohne Beispiel und gehört zum Unsagbaren, zu jenem, das nicht in Worte, Verse, Bilder, Musik oder Gedanken zu formen ist. Und dennoch können wir es wagen, die Seele – die körperlose Wahrheit – als Wunder zu schauen. Die Seele spürend und ihre Dimensionen erahnend, dürfen wir sie in Gleichnissen skizzieren, in para-sinniger, widersprüchlich scheinender Darstellung und in symbolischen, sur-realen Bildern. Und – welch eine Auszeichnung! – der gänzlich Melancholische offenbart mehr als andere Menschen durch die Ausstrahlung seines Antlitzes und seines Gesamtwesens, durch die Art, wie er sein Leben führt, das Seelische-in-ihm. Doch die Mit-Menschen brauchen für diese Offenbarung entsprechend sensible Fühler.

Die Epoche der Romantik war es, die in besonders großer Geste bedeutende Fassetten des Seelischen in den Bereich des Aussagbaren holte. Innere Reflexion und Kunst flossen zusammen, und es entstanden Seelengedichte, Seelenlieder und Seelenbilder, deren inhaltliche Mitteilungskraft uns – wenn wir dafür offen sind – mehr berührt und bereichert als die tonnenschweren psychologisch-psychiatrischen und psycho-analytischen Theorie-Abhandlungen.

Johann Wolfgang von Goethe über die Seele:

»Des Menschen Seele
Gleicht dem Wasser:
Vom Himmel kommt es.
Zum Himmel steigt es,
Und wieder nieder
Zur Erde muss es,
Ewig wechselnd.
...
Seele des Menschen,
Wie gleichst du dem Wasser!
Schicksal des Menschen,
Wie gleichst du dem Wind!«

(Aus: ›Gesang der Geister über den Wassern‹)

Die Vernunft wird vom Romantiker wie vom Melancholiker
nicht verachtet, aber die Vernunft gibt ihre Rolle als Oberlehrer der Wissenschaft ab und lässt sich einbetten in die Poetik
der Emotionen. Kopf und Herz gehen eine Einheit ein, und
Wahrnehmung und Erkenntnis werden nicht mit Tinte, sondern mit Herzblut niedergeschrieben: Das mag pathetisch
klingen, und dennoch widerspricht es nicht der Ratio. In ihrem
Kern sind Emotionen und Empfindsamkeit nicht gegen den
Rationalismus und nicht gegen die Wissenschaft gerichtet, sondern sind ein bedeutendes Element der Logik.

Springen wir von der Romantik des 19. Jahrhunderts in die
Jahrzehnte unserer Gegenwart: Der Japaner Daisetz Teitaro
Suzuki, Zen-Buddhist und international anerkannter Psychotherapeut, sieht außer der herkömmlichen, vernunftbetonten
Wissenschaft noch ein ganz anderes Vorgehen, Erkenntnisse
zu gewinnen: Er nennt diese eine über- oder antiwissenschaftli-
che Methode.

Die herkömmliche und allseits vorherrschende vernunft-
und zweckbetonte Wissenschaft (ob Geologie oder Psychologie) beschreibt ein Objekt und unterzieht es einer physikalisch-
chemischen oder psychodynamischen oder sonstigen Analyse.

So kann der Vernunft-Wissenschaftler eine Blume sezieren und mithilfe eines Chromatographen die biochemische Rolle des Chlorophylls entdecken. Der Vernunft-Wissenschaftler gewinnt auf diese Weise Erkenntnisse, das Objekt seiner Untersuchungen jedoch – die Blume – ist tot. Dagegen gewinnt der antiwissenschaftlich tätige Forscher die Erkenntnisse, indem er das Lebewesen betrachtet und *nicht* analysierend zerteilt und damit tötet. Die Emotionen des betrachtenden Forschers sind dabei von hervorragender Bedeutung, sein Instinkt, seine Empfindsamkeit, Empathie, Phantasie ... Suzuki bezeichnet ein solches Vorgehen auch als ›Methode des Zen‹:

> »Die Methode des Zen besteht darin, in den Gegenstand selbst einzudringen und ihn sozusagen von innen zu sehen. Die Blume kennen heißt, zur Blume werden, die Blume sein, als Blume blühen und sich an Sonne und Regen erfreuen ... Gleichzeitig mit meiner ›Kenntnis‹ der Blume kenne ich alle Geheimnisse des Universums einschließlich aller Geheimnisse meines eigenen Ichs ...«

Die Romantik lebt in der Antiwissenschaft der Gegenwart und lebt im Melancholischen der Vergangenheit und der Gegenwart. Der Melancholische gewinnt seine Erkenntnisse im Betrachten der Blume, im »zur Blume werden und sich an Sonne und Regen erfreuen« ... nicht reißt der Melancholische die Blume aus der Erde, um sie in mikroskopische Feinschnitte zu zerstückeln und um dann im Hightech-Labor durch Spektralanalysen chemische Daten zu sammeln. Die Antiwissenschaft von Suzuki könnte man auch »empfindsame Wissenschaft« nennen, ausgehend von einer empfindsamen Seele, die andere Wesen achtet, und die sich in anderen Wesen und Dingen widerspiegeln kann.

> »Freier Mensch, immer wird das Meer dir lieb sein!
> Das Meer ist dein Spiegel; du schaust deine Seele
> im unendlichen Lauf seiner Wogen,
> und dein Geist ist kein minder bitterer Abgrund.«
>
> *(Charles Baudelaire: ›L'homme et la mer‹, aus: ›Die Blumen des Bösen‹)*

Romantiker gab es schon vor der kunsthistorisch definierten gleichnamigen Epoche, und Romantiker gab es danach, sie leben – zahlreich – noch heute. Und *die poetischen und musikalischen Werke der Romantiker begreifen die Seele von innen her und damit tiefer und radikaler als die von außen analysierenden Psycho-Theoretiker,* die nach einer Objektivität streben, die es nicht gibt.

»Ich = Nicht-Ich – [dies sei] der höchste Satz aller Wissenschaft und Kunst«, schreibt der Romantiker – und Melancholiker – Novalis in seinen ›logologischen Fragmenten‹. Diese Aussage »Ich = Nicht-Ich« passt auch zur Melancholie und hat dabei nicht etwa den Modergeruch des Pessimismus, sondern ist sehr klare Erkenntnis. Hier spürt man reine Subjektivität (eine menschenfreundliche Wissenschaft kann nur subjektiv sein), und gleichzeitig spürt man die Aufhebung der Subjektivität. »Ich = Nicht-Ich« lässt Selbst-Bewusstsein anklingen und gleichzeitig dessen Auflösung. Ähnlich äußert sich dazu aus unserem Zeitalter ein bekannter Vertreter der humanistischen Psychologie, Erich Fromm, auch er ist in seinen Idealen ein Romantiker: »Gesundheit bedeutet, dass man sein Ich fallen lässt. Nicht mehr der Erhaltung und Mehrung des Ich nachjagt …« Das Ich gewinnen, um es zum Nicht-Ich werden zu lassen.

Die Romatiker haben – sehr melancholisch – eine tief berührende und in Stimmung gekleidete ›Theorie‹ der Seele verfasst …

Hören Sie einmal Schumanns opus 25 (Nr. 1), die Vertonung der Verse von Friedrich Rückert:

»Du meine Seele, du mein Herz,
Du meine Wonn', o du mein Schmerz,
Du meine Welt, in der ich lebe,
Mein Himmel du, darein ich schwebe,
O du mein Grab, in das hinab
Ich ewig meinen Kummer gab.
Du bist die Ruh, du bist der Frieden,
Du bist vom Himmel mir beschieden …«

Oder lesen Sie gefühlvolle Poesien aus den Anfängen des Pop-
songs, etwa das Lied von Bob Dylan:

>»May God bless and keep you always
May your wishes all come true
May you always do for others
And let others do for you

May you build a ladder to the stars
And climb on every rung
May you stay
Forever young
May you stay
Forever young
…«*

Wenn Joan Baez dieses Lied singt, dann spüren Sie in ihrer
Stimme Melancholie und Romantik … Oder geben Sie sich
Mozarts Requiem hin, hören Sie portugiesische oder irische
Volksweisen, Judith Reyes aus Mexiko oder Om Kalsoum aus
Afrika oder abendländische Kirchenlieder – »Wohin soll ich
mich wenden« – oder Sita-Weisen aus Indien oder einfach solche Musik, gleichgültig aus welchem Kontinent, in der Sie
Tiefsinn spüren und Einsamkeit, traurige und freudige Tränen,
alles Leid dieser Erde … oder Tango, die argentinische Seelen-
musik, ein Gemisch aus Sehnsucht und traurigem Entzücken
… Lassen Sie sich berühren, spüren Sie sich tief im Innern,
werden Sie zum Entdecker Ihrer Seele … zum Forscher im inneren und äußeren Kosmos …

>»Immer wieder kehrst du Melancholie,
O Sanftmut der einsamen Seele.
Zu Ende glüht ein goldner Tag …«

(Georg Trakl: ›An die Melancholie‹)

---

* Möge Gott dich segnen und bewahren / Mögen sich all' deine Wünsche
erfüllen / Mögest du immer für andere handeln / Und andere auch für dich
handeln lassen / Mögest du eine Leiter zu den Sternen bauen / Und Sprosse
für Sprosse erklettern / Mögest du immer jung bleiben / Mögest du immer
jung bleiben …

Die Seele ist nicht an einen Ort gebunden und schon gar nicht im Gehirn gefangen, ortlos ist die Seele und als Individual-Seele immer und überall mit der Universal-Seele verbunden. Und die Seele kann vieles. Sie kann sich verwandeln, kann den Körper transzendieren ... und sie kann fliegen ... fliegen wie ein gefiedertes Wesen ... Im alten Ägypten wurde die Seele als Vogelgestalt erlebt, »Ba« ist der menschenköpfige Seelenvogel hier auf Erden, der tief im Innern unserer Seele wirkt, und »Ka« ist der Doppelgänger der Seele im Himmel ...

»Und meine Seele spannte weit ihre Flügel aus ... als flöge sie nach Haus'.«

Vor 2400 Jahren versuchte der griechische Philosoph Platon Unsagbares dennoch in Worte zu fassen:

> »Der große Herrscher im Himmel Zeus schwebt, seinen geflügelten Wagen lenkend als erster ... dahinter schwebt die Schar der Götter ... dann folgen Dämonen, die der Seele bei Geburt und Totenreise Beistand geben ...«

Dieser Götterwagen hat ein schwebendes, »wohlgezügeltes Gespann«, die fliegenden Gespanne der Menschen dagegen sind »vermischt«: ein gutes, vorwärtsstrebendes, gehorchendes Ross und ein »vom Schlechten besessenes Ross ... das mit seiner ganzen Schwere drückt, woraus viel Beschwerde und äußerster Kampf der Seele entsteht ...«: Hier erkennen wir letztendlich eine früh in der Menschheitsgeschichte wiedergegebene Beschreibung der Melancholie: »äußerster Kampf der Seele«, der jeden, jeden Menschen miteinbezieht.

Götter und Dämonen und Seelenvögel fliegen ... und Gefühle und Gedanken fliegen ... »Meine Seele fliegt zu Dir«, sagt der Verliebte ... Wer könnte Gegenteiliges beweisen?

Fliegen im engen Wortsinn, in der plumpen Realität, ist leicht geworden für den Menschen: Last-Minute-Flug nach New York, Auserwählte dürfen gar zum Mond fliegen ...

Einst flog ein Häuptling der Sioux-Indianer einige Tausend Kilometer mit dem Düsenjet. Am Ankunfts-Flughafen blieb er

auf dem Rollfeld sitzen und wartete »... bis meine Seele nach-
geflogen kommt – sie braucht ein paar Tage länger«. Vielleicht
braucht die Seele des Sioux-Häuptlings deshalb länger, weil sie
– wie wir erfahren haben – von zwei sehr unterschiedlichen
Rössern gezogen oder getragen wird ... Auch der auf seine
Seele wartende Sioux-Indianer ist zelebrierte Melancholie.

»We are stardust
We are golden
And we've got to get ourselves
Back to the garden.«*

Und die Seele fliegt weit über den Horizont hinaus in ein fried-
lich-glückliches Jenseits, und sie kehrt zur Erde zurück mit der
Sehnsucht nach einem romantischen Paradies auf Erden – back
to the garden ...

Flower-power, die Hippie-Zeit der späten 6oer-Jahre des vo-
rigen Jahrhunderts, war gefeierte Romantik und gelebte Melancholie ... Im Glauben an die weltverbessernde Kraft der
jungen Generation wuchs die Sehnsucht nach einem ursprüng-
licheren und natürlicheren Leben, die Sehnsucht nach Frieden,
die Sehnsucht nach Liebe ... und nach einer sinnlich-glückli-
chen Welt, die es nie, nie geben wird ... oder doch? Wie war es
damals?

Millionen junger Menschen wollen nicht untergehen in der
grauen Wohlstandsgesellschaft, versuchen, sich den Traum
vom Paradies zu erfüllen, indem sie in Kommunen zusammen-
leben, friedlich sind und für Frieden und gegen Rassismus demonstrieren, freie Sexualität erproben und mithilfe psychedeli-
scher Drogen Ausflüge ins Jenseits wagen ... auch dies, all dies
ist gelebte Melancholie. Und dazu passen auch die Texte der
Musik von damals; der obige Vierzeiler »... back to the garden«
war der Refrain zu Joni Mitchells Woodstock-song ...

Woodstock ...

---

* Wir sind der Sterne Staub / Golden sind wir / Und wir müssen uns auf-
machen / Zurück in den Garten Eden.

Hunderttausende versammeln sich bunt und fröhlich auf Wiesen und Feldern, kampieren im strömenden Regen, um zusammen – zusammen! – die Musik ihrer Sehnsucht zu hören. Gegen die bürgerliche Vernunft zelebrieren die freundlichen Blumen-Revolutionäre eine Wallfahrt im Rausch der Rockmusik ... und vielleicht im Bewusstsein, die Welt sanft, aber radikal zu ändern – durch Frieden, Gerechtigkeit und viel Musik ...

> »Imagine there's no countries
> it isn't hard to do
> nothing to kill or die for
> and no religion too
> imagine all the people
> living life in peace ...
> ...
> You may say I'm a dreamer
> but I'm not the only one
> I hope some day you'll join us
> and the world will be as one.«*
>
> (John Lennon: ›Imagine‹)

Hunderttausende, ja weltweit Millionen Studenten revoltieren gegen die verkrusteten Universitätsstrukturen und gegen die Grauen des Krieges in Vietnam. Es sind die Jahre 1968 und die folgenden. Wie einst Mahatma Gandhi gewaltlos kämpfte, so wirkte Martin Luther King gewaltlos für eine Gleichberechtigung der Schwarzen in Amerika. Die kämpferische und letztendlich gewaltlose Romantik der damaligen Zeit war von Anfang an durchwebt von der düsteren Melancholie des Scheiterns ... Schüsse auf Martin Luther King und Rudi Dutschke zerfetzten brutal die Romantik des friedlichen Aufbegehrens ... Die

---

* Stell' dir vor, es gibt keine Staaten mehr / das wäre doch nicht schwer / es gäbe keinen Grund, wofür man töten oder sterben müsste / und es gäbe auch keine Religionen mehr / stell' dir vor, alle Menschen / leben ihr Leben in Frieden / ... Du magst meinen, ich sei ein Träumer / aber da bin ich nicht alleine / ich hoffe, eines Tages kommst du zu uns / und die Welt wird eins.

Revolten erreichten nur wenig, aber immerhin ... Später folgte die Resignation, und einige der Revoltierenden wechselten die Fronten und situierten sich in bürgerlicher Etabliertheit und stiller Durchschnittlichkeit: In Minuten der Reflexion kommen ihnen heute wehmutsvolle Erinnerungen an vergangene Ideale. Trauer und Sehnsucht flackern auf, und gleichzeitig versuchen die einstigen Idealisten durch harte Ablenkungsmanöver die immer wieder sich heranschleichende Melancholie zu verscheuchen, *die Melancholie, die tiefsinniges, stimmiges (!) Leben fordert* und die hartnäckig – selbst bei geschäftiger Oberflächlichkeit – immer von Neuem eine Flamme im innersten Herzen entzündet. Es ist dies – zunächst – eine besinnliche Flamme, die aber, wenn man sie nicht leuchten lässt, innerlich langsam die Seele verbrennt.

»Es weint mir tief im Herzen,
wie's regnet auf die Stadt,
Was sind's für Sehnsuchtsschmerzen,
die dringen bis zum Herzen?

Es weint ganz ohne Grund
im überdrüssigen Herzen.
Wie? Niemand trog dich? Und
der Schmerz ist ohne Grund?

Am schlimmsten ist's: nicht wissen,
weshalb man so sich quält.
Den Hass, die Liebe missen –
dies hat mein Herz zerrissen!

(Paul Verlaine)

Die melancholischen Romantiker von einst und die melancholischen Romantiker der Gegenwart haben nicht nur die Sprache des Herzens immer wieder neu entdeckt und zelebriert, sondern überdies die antirhetorische Sprache des Herzens zum Leben erweckt: die Sprache der Gefühle ohne Worte, oder anders formuliert – *Seufzer, Tränen und besinnliches Antlitz wer-*

den selbst zu einer Sprache. *Dies ist eine Sprache zwischen Schweigen und Reden, sie erfüllt eine natürliche, unmittelbare Mitteilung.* Fließende Tränen demonstrieren gewissermaßen das Recht der Seele, Berührt-sein und Verletzbar-sein offen und öffentlich zu zeigen. Die Zartheit der Seele darf gesehen werden, und dies ist nicht Schwäche und auch nicht weinerliche Gefühlsduselei, sondern – *wer die Zartheit seiner Seele zeigt, der braucht den Mut des Verzweifelten oder die Gleich-Mütigkeit (= gleichen Mutes sein) des Weisen*; in solchen Situationen gibt man sich Blöße (positiv gemeint), und man begibt sich in Gefahr, durch rüde Mitmenschen verletzt zu werden. Die allermeisten Seelen-zarten Menschen können sich gegen Grobheiten der Mitmenschen schwerlich oder gar nicht wehren, nur wenige Sanftmütige können, wenn sie angegriffen werden, auch die Härte des Verteidigers spielen.

Die ›tendresse‹, ›tenderness‹, ›tenerezza‹ – die Zartheit der Seele ist der fruchtbare Boden, auf dem geistig-seelische Empfindsamkeit gedeihen darf. Empfindsamkeit ist eine Tugend und voll von Sinnlichkeit und Sanft-Mut. Auch zu Sanftmut gehört Mut, und eine Begleiterin der Sanftmut ist das Mitleid.

Alle diese Eigenschaften der melancholisch-romantischen Seele finden wir auch in Grundsätzen und Geboten diverser Religionen, bevor – leider nicht selten – manche kirchlichen ›Würdenträger‹ diese Grundsätze in Ausgrenzung und Gewalt pervertierten. So ist es nicht verwunderlich, dass melancholisch-romantische Menschen sich ihre eigenen privaten Philosophien und privaten Religionen kreieren und sich nicht selten loslösen von den offiziellen Kardinälen oder Mulas oder Gurus … und einen eigenen inneren Frieden finden und einen Frieden gegenüber anderen …

> »Ev'rybody's talking about
> Bagism, Shagism, Dragism, Madism,
> Ragism, Tagism
> This-ism, that-ism, is-m is-m is-m.
> All we are saying is give peace a chance.
> …

All we are saying is give peace a chance.
Let me tell you now
Revolution, evolution, masturbation,
flagellation, regulation, integrations,
meditations, United Nations, Congratulations.
…«*

(John Lennon und Paul McCartney: ›Give peace a chance‹)

Gelebte Empfindsamkeit und fröhliche Zartheit widersprechen
massiv dem messerscharfen Verstand des überall dominieren-
den, profitorientierten homo oeconomicus. Dem coolen Sieger-
typen steht der verträumt spazierengehende Melancholiker gegenüber, der Melancholiker mit seiner ästhetischen Lust am
eigenen Berührtsein. Dabei sind offen gezeigte Empfindsamkeit
und Zartheit nicht nur ein Protest, sondern bereits der Beginn einer Vision von einem ›besseren‹ Leben, einem Leben in Frieden
und Liebe und Mit-Gefühl. Wird der empfindsame, der zarte
Mensch von rüden Menschen angegriffen – wie soll er sich da
verhalten? Die jesuanische Botschaft lautet: »Die Alten sagten
Auge um Auge, Zahn um Zahn, ich aber sage euch: Schlägt euch
einer auf die linke Wange, so bietet ihm auch die rechte Wange.«
Wenn ein empfindsam-zarter Mensch angegriffen wird, sich
aber – was eher selten ist – mit Stärke wehren kann: Ist diese
demonstrierte Stärke mit seiner gewaltfreien Grundeinstellung
zum Leben vereinbar? Wer sich wehrt, soll seine Stärke mit Bescheidenheit und Rücksicht einsetzen und an seinem Sieg keinerlei Gefallen finden. Laotse:

»Der Gute siegt und damit ist es genug,
er siegt, aber er wird nicht hochmütig,
und er siegt nur, wenn es nicht anders geht …«

---

* Jeder redet über / Bagism … / Dieser -ismus, jener -ismus, ismus, ismus ismus / Alles, was wir sagen, ist, gebt dem Frieden eine Chance / … / Alles,
was wir sagen, ist, gebt dem Frieden eine Chance / Nun lasst mich euch erzählen / Revolution, Evolution …

Ein Melancholiker ist, auch in Gesellschaft, immer ein einsamer Wanderer auf einem Pfad nahe dem Abgrund, nur wenige Schritte von der Unendlichkeit entfernt. Immer bleibt die – vielleicht nicht geäußerte – Sehnsucht nach Stille und Alleinig-sein.

Einer der mächtigsten Herrscher in der Geschichte der Menschheit war Kaiser Karl V., in dessen Reich, so hieß es, die Sonne nicht unterging: Einerseits bedeutet dies die Fülle der Macht, andererseits ist dies ein Leben ohne schützende Dunkelheit, ohne Rückzug in die Geborgenheit der Nacht. So wird nachvollziehbar, dass Karl V. auf dem Höhepunkt seiner Herrschaft die blendende Macht und die erdrückende Weite seines Reiches nicht mehr aushalten konnte und sich in die enge-Grenzen-schenkende, somit beschützende Klause eines Hieronymitenklosters zurückzog und Stille und letztlich Uterus-Geborgenheit suchte. Das laute Geschäft des Herrscher-seins löste sich auf, und die vormals rastlose Seele fand Ruh' in konzentrierter, Weltschmerz-ergebener Melancholie ... Marlene Dietrich – Filmstar, Sängerin, kühl und dennoch herzvoll. »Sag' mir, wo die Männer sind / wo sind sie geblieben / ... zogen fort, der Krieg beginnt / ... wann wird man je versteh'n ... wann wird man je versteh'n ...« Marlene Dietrich lebte ihre letzten Jahrzehnte in klosterähnlicher Einsamkeit in ihrer Wohnung in Paris ... Melancholie ...

Melancholie heißt auch: »... sich ruhig ertragen, ohne voreilig zu sein, zu leben, wie man muss ...«, so Franz Kafka, auch er tief, tief erfüllt von Melancholie:

> »... Seelendeutungen, wie: gestern war ich so und zwar deshalb, heute bin ich so, und deshalb. Es ist nicht wahr, nicht deshalb und nicht deshalb und darum auch nicht besser. Es ist nicht wahr, nicht deshalb und nicht deshalb und darum auch nicht so und so. Sich ruhig ertragen, ohne voreilig zu sein, zu leben, wie man muss, nicht sich hündisch umlaufen.«

Melancholie ist überall, doch in der flirrenden Stille der Mittagshitze, in verlassener Natur und in der Einsamkeit der Nacht ist man ihr am nächsten ...

»Dunkel und Licht
Erde und Himmel
Leiden und Freude
Nacht und Tag
Tod und Leben
trauriges Lächeln und lustiges Lachen
all dies – ist meine Sehnsucht«

(Loriana Lamberti)

Nicht Dunkel und Tod charakterisieren die Melancholie, und Licht und Leben sind nicht ihr Gegenteil. *Der Melancholische empfindet in dieser Dialektik und lebt im Spannungsfeld der gegensätzlich scheinenden Pole.* Es ist die Stunde zwischen Tag und Nacht mit ihrem verspäteten Sonnenlicht; es ist – mitten im bewegten Leben – der Tod, den man spürt; Lachen, das augenblicklich umkippen kann in Trauer; ständig spürt und ahnt der melancholische Mensch die Grenzen des Seins.

Die tägliche Dramatik des Lebens erfahren wir besonders intensiv in den rhythmisch wiederkehrenden Schauspielen der Natur: ... Unendlichkeit des Himmels ... der verlorene Blick zum Horizont ... die Unwirklichkeit eines Regenbogens ... die herzberührende Sorge einer Reh-Mutter für ihre Kinder und der Fuchs, der eine Ente fasst und sie zu Tode beißt ... Sonnenaufgang und Sonnenuntergang ... Sommer und Winter ...

Beobachten wir die Natur, ob im Stadtpark oder auf dem Lande, so können wir wahrnehmen, dass die Natur ähnlich wie der Mensch verschiedene Stimmungen durchlebt. Im Herbst verlieren die Bäume ihre Blätter, die Blumen verwelken; manche Blumen scheinen gänzlich zu sterben, doch verborgen im Innern der Erde überlebt die Knolle. Viele Vögel ziehen in ein anderes Land, und vom Igel bis zum Braunbären gibt es viele Tiere, die sich im Spätherbst vom wachen Alltag verabschieden und sich einen ungestörten, möglichst warmen Platz suchen, um für Wochen und Monate in einen todähnlichen Tiefschlaf zu versinken – den gelebten Tod, aus dem sie im Frühjahr wieder erwachen. Millionen Bienen sterben angesichts des bevorstehenden Winters, und nur eine kleine Elite – zusammen mit der Königin – überlebt, indem sie sich in ihr Wabenschloss zurückzieht.

Im Herbst und Winter sind oft viele Tage ohne Sonnenschein, verschleierte, ernsthafte Tage und lange, kühle Nächte, die die melancholische Seite im Menschen lebendig werden lassen. ... Verblühen ... Ruhen ... Sterben ... in stiller Kraft überdauern ... Zahllos sind die melancholischen Stimmungen in der Natur, und auch der Mensch – als Teil der Natur – braucht die besinnlichen Stimmungen, braucht den Wechsel von Blühen und Vergehen und Wieder-Erstehen.

Die Melancholie verströmt sich in der Natur, und in bestimmten Bäumen können wir sie spüren, in Zypressen, Pinien, knorrigen Eichen, alten Olivenbäumen, im hohen, dunklen Tannenwald und in der Weide. Auch manche Tiere vermitteln melancholische Stimmung: das Pferd, der Igel, der Falke und der Bernhardiner-Hund, Hase und Braunbär, die meisten Katzen, Skorpion und Maulwurf, das Kamel, der Esel natürlich und die Eule als Nachttier, schließlich die Kröte und – von alters her – der Drachen. Unter den Melancholie ausstrahlenden Pflanzen finden wir das Veilchen, den Weinstock und den Efeu, Erika und Jasmin, das Buxbäumchen und das Johanniskraut. Und natürlich entdecken wir geographische Besonderheiten der Melancholie. So gibt es eine griechische, ungarische, deutsche, ukrainische, sizilianische, irische oder portugiesische Melancholie, oder eine mexikanische, nigerianische, australische oder indische Melancholie.

Auch melancholische Menschen spüren in ihrem Gemüt Jahr für Jahr den grün sprießenden Frühling oder den warmen Rausch des Sommers. Doch nicht jeder Melancholische zeigt diese hellen, aufblühenden Stimmungen auch nach außen, gar viele verbergen den frischen Aufwind ihrer Seele tief im Innern und erfreuen sich still. Sensible Mitmenschen bemerken dennoch die diskrete Ausstrahlung der kaschierten Frühlingsgefühle.

»Nicht so sehr der neue Schimmer tat's,
dass wir meinen, Frühling mitzuwissen,
als ein Spiel von sanften Schattenrissen
auf der Klärung eines Gartenpfads.

Schatten eignet uns den Garten an.
Blätterschatten lindert unsern Schrecken,
wenn wir in der Wandlung, die begann,
uns schon vorverwandelter entdecken.«

(Rainer Maria Rilke: ›Frühling‹)

»Zwei Männer in Betrachtung des Mondes« in wilder, mystischer Natur und »Kreidefelsen auf Rügen« mit dem verlorenen Blick auf das Unendliche – dies sind wohl die bekanntesten Bilder des Romantikers Caspar David Friedrich, der die Natur malte als Gleichnis menschlichen Lebens und menschlicher Vergänglichkeit ... Melancholie ... Bei Friedrich verharren die Menschen in einem bewegungslosen Augenblick und sind still überwältigt vom Schauspiel der Natur, als würden sie die Natur erstmalig und einmalig erleben. Die bei ihm dargestellten Menschen wirken oft meditativ versunken, die Menschen sind eingetaucht in die Natur und werden so Teil der Natur. Obwohl der Blick des Betrachters in die Landschaft geht, ist dies gleichermaßen ein Blick in die eigene Seele. Die Natur wird zum Spiegel der Seele, sanft überflutet von metaphysischem Licht. Friedrich komponiert eine ruhige Einheit des menschlichen Lebens mit der Natur, ohne den lauten Lärm des tätigen Lebens, und dennoch bleibt immer eine traurig stimmende, unauflösliche Diskrepanz zwischen Mensch und Natur und angedeutetem Jenseits. In der Natur folgt nach dem Winter der Frühling, was folgt beim Menschen nach dessen Tod? Wir können den Atem anhalten und am Ende der Nacht ein ewig Jenseitiges erahnen, ein weit entrücktes anderes Sein, das – aus irdischer Sicht – unerreichbar ist wie eine Fata Morgana. In Friedrichs Bild »Die Netze« ist im Gegensatz zu vielen anderen Bildern keine Jenseits-verheißende Vision am Horizont des Meeres zu erkennen, sondern das kalt-leere Licht eines endgültigen Endes ... das trostlose Nichts ...

Natürlich gibt es viele Maler, deren Werke ein Spiegel der menschlichen Seele sind und die uns die Melancholie bildhaft vor Augen führen, ob Hieronymus Bosch, Edvard Munch, Leonora Carrington, Van Gogh oder Frida Kahlo. »Der Maler«, so schreibt Friedrich, »soll nicht bloß malen, was er vor sich sieht, sondern auch, was er in sich sieht ...«

Die Romantik lebt, und in der Romantik lebt die Melancholie. ...

Eros – Rose mit Dornen

»Bei Nordwind und Kälte
der elenden Sterne
bist wonniges Bad du für meinen Leib.
Beim bloßen Klang deiner Augen
entbrennt meine Haut,
dich riechen
und nicht wissen, wer du bist,
dann
in meinem Feuer verglühen.«

(Loriana Lamberti: ›Stasera‹)

Die Halbgöttin Sita plante eine amouröse Begegnung mit einem flüchtig gesehenen, jungen Mann, der ihr Herz mit heißem Verlangen erfüllte, aber auch mit bitterer Trauer, da im Anfang bereits das Ende wohnte. Empfangen wollte Sita den jungen Mann im Palast des Maharaja Man Singh; doch vorher bat sie einen hohen Diener, einen Diener der Lichtseite des Lebens, er möge sie mit zweien aus der großen Schar der Götter zusammenführen – mit Iama, den Tod verkörpernd, und mit Kama, Inkarnation der Liebe. »Tod und Eros«, sagt Sita, »gehören zusammen wie Zwillinge – zwei verschiedene Wesen, doch zur selben Zeit aus derselben Mutter geboren und ein Leben lang einander ähnlich.«

Sita empfing den Segen der Göttinnen, und alsdann wartete sie im Palast des Maharajas. Der Empfangssaal strahlte in blauornamentiertem Marmor ... hohe Wände, fürstlich gestaltete Leere, der flirrende Klang von Zikaden und hell-summenden Kolibris – Tieren, die überall auf Erden mit astraler Musik, wie Balsam, unendlich viel Zeit und Raum verschmelzen ... Sita spürte innerlich-freudiges Beben, und große Tränen zeichneten schwarze Spuren in ihr feines Gesicht. Die Schminke der

Augen wurde zur Farbe der Trauer. Der Geliebte kam, und beide umarmten sich zärtlich und lange … Was dann geschah, war für Sita weniger innig als die Zeit davor – denn »im Warten auf den Geliebten liegt die eigentliche Erotik«.

> »Oft schon bin ich im Meer versunken,
> das Ohr voller frisch geschnittener Blumen,
> die Zunge voller Liebe und Agonie.
>
> …
>
> Keine Nacht, da ich beim Kuss
> nicht das Lächeln der gesichtslosen Leute spüre,
> und niemand, der ein Neugeborenes betastet,
> vergisst die regungslosen Schädel toter Pferde.«
>
> (*Federico García Lorca:* ›*de la huida*‹)

Wenn Eros, der androgyn anmutende beflügelte kleine Gott der Liebe, bei einer melancholischen Frau, bei einem melancholischen Mann begehrende und sinnliche Lust erweckt, dann tut er dies nicht, wie üblicherweise, mit seinem Liebespfeil, sondern er übergibt den Liebenden jeweils eine betörend duftende Rose – mit spitzen Dornen. Im sinnlichen Rausch und im Orgasmus der Gefühle sticht der Melancolia immer wieder Wehmut ins Herz … Und wenn die wild-zärtliche Euphorie ausklingt, dann verbreiten sich noch mehr Wehmut und Berührtsein und zerfließt im sanft-warmen Schmerz.

»Die Sexualität mit meiner Freundin ist wunderbar«, erzählt Mario C., voll von Melancholie, »nachdem wir miteinander geschlafen haben, liege ich geborgen in ihren Armen, und eigentlich müsste es mir gut gehen … doch dann kommen mir Bilder … was ist, wenn sie jetzt stirbt … verhungerte Kinderleiber aus Äthiopien fallen mir ein, und dann muss ich auch noch an mein armes Hündchen denken, das vor einem Jahr verstorben ist.«

Eine ganz andere Welt finden wir im Internet oder im Sex-Video, wo man blanken und puren Mega-Sex haben kann. Überall ist Wettbewerb: Die größten Brüste wabbern über den Bildschirm, und der Mann mit dem längsten Phallus steht stolz und gebärdet sich als balzender Hahn. In den Single-Haushalten der Großstädte ist so manch einer allein mit seinem Bildschirm. Da macht sie, macht er aus der Not eine Lust, die Maus oder die Fernbedienung kommt in die linke Hand, und mit der Rechten ... Bei dieser Szenerie lächelt die Melancolia diskret angewidert und spürt selbst keine hitzige Erregung. »Eine andere Welt ist das«, sagt sie achselzuckend – was nicht heißt, dass Melancholische, ob weiblich oder männlich, prüde oder gar verhärmt wären. Doch Melancolia stellt Ansprüche: Erotische Anziehung, verschmuste Zärtlichkeit und ›Liebemachen‹ brauchen ein stilvolles Ambiente, stillen Charme und eine *Leiden*-schaft, die Achtsamkeit nicht vergisst. Wenn das erfüllt ist, dann ist auch Melancolia – manchmal – zu wilden Sexspielen und sinnlichem Ausprobieren bereit.

Die melancholische Sexualität hat einen Hauch von erhabenem Ritual, dem Ritual der sinnlichen Götter ...

... Am verlassenen Strand von Puri, in der Bucht von Bengalen, schreitet Sita, die Halbgöttin ... da hört sie laut eine Stimme, die ruft: »Die Götter und die Heiligen sind erhaben und gleichermaßen zwielichtig.« Der spöttische Zuruf kommt von einem ganz in Blau gefiederten Pfau, der Sita aufsucht, um sie auf eine kleine, unbekannte Insel in der Nähe zu fliegen. »Auf diese Insel haben sich«, so der Pfau, »die erotischen Skulpturen der Tempelanlage von Khajuraho geflüchtet. Geflüchtet vor den lüstern-geifernden Blicken der Touristen. Und siehe da: Auf dieser geheimen Insel sind die Steinfiguren wieder zu lebendigen Wesen, zu Menschen und Göttern geworden«. Übermächtige Löwen mit schmalen Gesichtern sitzen da und beschützen die Insel. Gerade ist die Stunde des erotischen Mond-Rituals, das auf geräumigen Plätzen zelebriert wird, in kleinen offenen Tempeln und auf flächigen Podesten, als Lagerstatt gestaltet. Ein Mann, rücklings am Boden liegend, streckt sein schmales Lingam empor, auf das sich eine Frau so setzt, dass sie dem Mann den Rücken zukehrt, zärtlich langsam nimmt sie den göttlichen Phallus in sich auf. Dann verschränken Mann und Frau ihre abgewinkelten Beine kunstvoll torquiert ineinander, wobei eine zweite Frau hilft, eine Frau mit auffällig rund-prallen Brüsten und schmalsten Hüften. Lustvoll bebende Lippen. So wird alles, alles nachgeahmt, was auf den erlesenen Friesen der heiligen Tempel von Khajuraho (dort in Stein gehauen) zu sehen ist: Szenen voll freizügig-meditativer Sinnlichkeit und sexueller Lust.

Paare tanzen in erotischem Vorspiel zu aphrodisierenden Melodien und erregen sich fingerspitzig an Penis, steifen Brustwarzen, Klitoris, Mund, Haut ... Eros in Ekstase ... Wieder andere Männer und Frauen haben sich zu unterschiedlichen Formen von Triolen vereint: Zwei Männer, eine Frau oder zwei Frauen, ein Mann, verbunden durch Lingam-Yoni-Mund. So kreieren sich Dreiecke, die sich in schwindelnder Lust im Kreise drehen und sich von der Erde erheben. Andere Frauen umschlingen mit Vulva und langen Beinen die Hüfte ihrer Männer und lassen sich von den Männern tragen, während sie die männliche Wurzel mit den Blütenblatt-Lippen ihrer Yoni umschließen ... Und wieder andere Paare oder Triolen sind ruhig, sehr ruhig-meditativ vereint, sich kaum bewegend in stiller Umarmung und unendlich durchdringend. Göttlich-erotisches Leben – in brodelnden Säften erregt sind Lingam, Yoni, Vulva, Anus, Brüste, Münder und alle Poren, offen in heiliger Lust ... wild sinnlich ... meditativ ... aufeinander eingehend ... mythologische Szenen, vor tausend Jahren geschaffen für die Fassaden der Hindu- und Jain-Tempel von Khajuraho.

»Liebe sollten wir
zueinander empfinden,
ihr Bergkirschblüten!
Ihr seid die einzigen hier,
Blühende, die mir vertraut.«

(Gyôson Daisôjô, japanischer Priester und Dichter, 12. Jh.)

Der moderne Mensch orientiert sich eher an der schillernden Oberflächenwelt der Hollywoodstars und Models: Doch auch dort wird nicht nur Sexappeal geliefert. Manches Sternchen oder mancher Star am Himmel der Filmwelt darf die Melancholie repräsentieren. Schließlich brauchen auch die fernsehenden Melancholiker jene Schauspieler, in denen sie sich widerspiegeln können.

Sex-Rekord in Las Vegas. Ein 25-jähriges Model zog ein in den Guinnes-Tempel der Rekorde: Sie vollbrachte im 2-Minuten-Takt einen Orgasmus-bringenden Massensex-Rekord mit 300 Männern – einer nach dem anderen. Nach zehnstündiger Geschlechts-Arbeit feierte sie ihren Erfolg vor der Presse, die voyeuristisch dabei sein durfte.

Melancolia zuckt auch hier seltsam gelassen die Schulter: »... wenn der jungen Frau dieser Sex-Rummel gefällt ...« Melancolia zeigt Toleranz gegenüber anderer Einstellung zur Sexualität, gegenüber anderen Sexualpraktiken. Eros bietet eben sehr, sehr unterschiedliche Gesichter ...

»An die Rose,
an die Rose,
die einzige,
an diese schwebende, erschlossene,
reife Rose,
an ihre samtene Tiefe,
an das Aufbrechen ihres Schoßes rot.«

(Pablo Neruda: ›Ode an die Rose‹)

Melancolia war dabei, als in der zweiten Hälfte des 20. Jahrhunderts die Frauenbewegung die patriarchale Sexualität zu kippen versuchte, und als Schwule offen zeigten, dass Männer nicht nur aufeinander eindreschen und sich totschießen, sondern sich auch zärtlich umarmen und miteinander schmusen können. In den vergangenen einhundert Jahren hat sich die Kultur von Eros und Sexualität radikal geändert in Richtung Offenheit, Experimentieren und Toleranz ... Doch wenn als Inbegriff der Sexualität der Orgas-*muss* gepriesen wird, tut sich Melancolia schwer: Orgastische Gefühle sind schön, aber wenn Orgasmus – ob echt oder vorgetäuscht – zu einer Pflichtübung wird, kommt Leistungsdruck auf. Da werden Sex-Spielereien als ›in-

nere Befreiung‹ problematisiert, und wer das nicht uneingeschränkt toll findet, soll zumindest einmal einen Tantra-Wo-
chenend-Workshop besuchen. Bei der verkündeten und von
vielen gelebten ›sexuellen Befreiung‹ bleiben manche ratlos und
zweifeln, ob sie sich sexuell ›richtig‹ verhalten. Stille Zärtlichkeit und ›Nur‹-kuscheln-Wollen scheint den neuen Normen
von Sex und Sünde selten zu genügen, gar manche sind irritiert
oder meiden jegliches erotisches Zusammensein.

Wer sich in sehr, sehr tiefer Melancholie verliert oder in eine
Depression hineingleitet, wird nicht nur sexuell enthaltsamer,
sondern fällt bezüglich der Sexualität – selbst in der Hitze des
Sommers – in eine Art Winterschlaf. Innerhalb von Beziehungen kann ein solcher sexueller Rückzug problematisch werden.
Depressive Frauen erleben sich sexuell desinteressiert, frigide,
ohne jegliche Lust – »meine Vagina ist tot wie ein Friedhof«, so
beschreibt drastisch eine von Trübsal geplagte Frau das Gefühl
der Leere in ihrem Schoß. Ähnlich ergeht es depressiven Männern, und das Gefühl der abgestorbenen Sexualität verhindert –
selbst bei sexuellen Mega-Reizen – jegliche Erektion. Die aus-
geschaltete sexuelle Leistungsfähigkeit wirkt zusätzlich deprimierend.

Beim Depressiven reduziert sich die Sexualität, um die inneren noch verbliebenen Kräfte zu konzentrieren auf die depressive Gratwanderung zwischen Apathie oder Kontemplation,
zwischen Tod oder Leben ...

Im Gegensatz zur Depression blühen und glühen in der Melancholie sehr wohl die Blumen des Eros, und natürlich gibt es
auch melancholischen »Sexappeal«, wenn man dies so nennen
will. Die noble Signora Tristezza umgibt sich mit einem Hauch
süßer Sehnsucht, und aus ihrer dunklen Sinnlichkeit strömt ein
mächtiger Sog in die Tiefe der Lust. Helle Glocken ertönen,
und der Horizont leuchtet im letzten Licht der Sonne. Serviert
wird im zierlichen Kristallglas ein schwerer, reifer Wein. Und
die melodramatische Musik im Hintergrund bringt seltsamerweise Heiterkeit in das Geschehen.

Melancholische Menschen sind in ihrem Erscheinungsbild

keineswegs sexmuffelige Neutrenwesen, die in selbstgestrickten Pullovern, ausgeleierten Jeans und Birkenstock-Sandalen umherschlurfen. Die empfindsame Seele der Melancholischen findet einen kreativen Ausdruck auch im Äußeren, wobei die reiche Phantasie der Melancholischen modernen Zeitgeist und vergangene Romantik mit weiblichem oder männlichem Charme zu vermischen verstehen.

Es gibt weder eine ›richtige‹ noch eine typisch melancholische Sexualität. Und eigentlich lässt sich die Suche nach glücklich-machender Sexualität auf einfache Weise zum Ziel bringen: Jeder lebt *seine* ihm eigene Sexualität, und die ist grundsätzlich richtig, wenn man sich selbst wohlfühlt *und* die dazugehörigen Partner sich wohlfühlen. Hier tun sich dann zahllose Möglichkeiten der Sexualität auf: Homosexualität, Heterosexualität, Bisexualität, Transvestitismus, Onanieren, meditatives Zelebrieren von Trantra-Sex-Ritualen, oder geringes sexuelles Verlangen bis zur völligen Enthaltsamkeit …

Melancolia kann sich in jede sexuelle ›Technik‹ hineinbegeben, doch macht sie aus der Technik ein melancholisch-erotisches Ritual, ein Ritual be-sinn-licher Ästhetik und elegischer Empfindsamkeit. Doch das melancholische Ideal gelingt nicht immer: Das Mit-Fühlen und Auf-den-anderen-Eingehen bringt manchmal die Melancolia auf einen sexuellen Weg, der ihr eigentlich widerstrebt, und doch macht sie mit, aus Liebe zu ihrem Partner oder weil sie keinen Streit will oder weil sie es müde ist, sich zu wehren, oder weil sie sich – als Nebengeschenk – etwas Zärtlichkeit erhofft …

Grundsätzlich bringt die Melancholie tiefsinnige Muße und Mitgefühl in das Reich der Erotik und Sexualität. Die für Melancholische so bedeutsame wortlose Sprache des Herzens fließt hinein in das Sich-Berühren, Küssen, Seufzen, Umarmen, Verschmelzen … Im besinnlich-traurigen Selbstgenuss flackert auch hier wieder das Licht der Todessehnsucht und erleichtert auf paradoxe Weise das Dasein … und manchmal kommen Tränen, nicht nur Tränen der Trauer, auch Tränen der Lust, die die Nacktheit von Seele und Körper bedecken …

Saturn oder Pluto

Menschen werden geboren,
Leben vergehen.
Auch Planeten haben
dasselbe Schicksal.

Der melancholische Mensch strebt nach einer Ordnung, um Halt zu finden, doch diese ersehnte Ordnung findet er weder in seiner Vergangenheit noch in seiner Gegenwart. Das ist erklärlich, denn das menschliche Leben auf Erden – wie wir es täglich beobachten – ist nicht von natürlicher Ordnung geprägt, sondern von unberechenbarem Wandel und selbst-inizi-ierten Katastrophen.

Auch das Leben einer vom Menschen möglichst unberührten Natur (… Tiefen des Meeres, Dschungel, ferne Gebirge …) erscheint zunächst als Chaos, doch im ›scheinbaren‹ Chaos der Natur regiert eine ihr immanente Ordnung.

Wenn wir unseren Blick nachts auf den Himmel richten, so können wir im langen Atem der Zeit den Lauf der Gestirne beobachten. Das scheinbar langsame (in Wirklichkeit rasend schnelle) Fortbewegen der Himmelskörper »oben« können wir mit Geschehnissen auf unserer Erde »unten« vergleichen. Die kreisenden Gestirne »oben« leben in zyklischen Regelmäßigkeiten, die manchmal vorhersehbar, ja sogar berechenbar scheinen und einem rhythmischen Plan, einer scheinbar klaren kosmischen Ordnung gehorchen – den Menschen zum Vorbild? Leider ist es anders: Für die Menschen »unten« auf Erden ist nichts sicher, nichts ist absolut vorhersehbar, die Menschen »unten« leben dem Tod entgegen und sind von Schicksalsschlägen gebeutelt.

Als Menschen sind wir winzige Teilchen des sehr geordnet sich bewegenden Universums. Die eigene Kleinheit spüren und sein Leben in entsprechender Bescheidenheit einrichten – dies gelingt melancholischen eher als anderen Menschen. Die galaktische Ordnung erfasst unser Sonnensystem und Myriaden von anderen Gestirnen – und natürlich auch die Menschen. Da ist die Masse der Konsumismus-Menschen – und vor allem »deren« Regierende –, die versuchen, eine andere als die natürliche Ordnung zu realisieren. Zwar kann niemand verhindern, dass die Sonne untergeht und die Nacht hereinbricht, doch werden riesige Landschaften und sogar die Erdatmosphäre völlig verändert (… Roden von Urwald, Ölfelder, Ozonlöcher …) und Kriege vernichten alles.

Die Ordnung des Kosmos und die Ordnung unserer Natur sind nicht statisch, sondern äußerst bewegt und können sehr wohl dem Menschen gegenüber extrem rücksichtslos sein und grauenvoll handeln: Vulkanausbrüche zerstören Land und Leben, Hungerkatastrophen, Seuchen und Krankheiten zerstören hilflose Menschen …

> »Himmel und Erde nehmen keine Rücksicht
> und behandeln die zehntausend Dinge
> wie Opfertiere aus Stroh …«

(Laotse)

Manche Menschen *glauben*, sie würden selbst, allein auf sich gestellt, die Dinge ihres Lebens entscheiden und hierfür auch die alleinige Verantwortung übernehmen. Erlaubt das geordnete, mächtige Universum den kleinen Menschen, eigenständig zu handeln? Und »darf« der Mensch *dagegen* handeln, oder »soll« er sich eingliedern, soll er die sichtbare Ordnung des Kosmos da »oben« als Maßstab nehmen für das kleine menschliche Leben da »unten«? Oder vielleicht ist es *die kosmische Aufgabe der Menschheit*, sich genauso zu verhalten, wie sie sich verhält, einschließlich der Naturzerstörung und des Kriegeführens und einschließlich der Hybris von Raumfahrt und Gentechnologie.

Manche Menschen leben ihr Leben so, »wie es in den Sternen geschrieben steht«, und versuchen, sich einzufügen in die

Gesetze des kosmischen Geschehens. Der chinesische Philosoph Tschuang-Tsu (aus dem Zeitalter von Laotse) meint:

> »Der Mensch soll die Erde regieren, ohne zu handeln, regieren ohne Aktivität ... Und wie soll er das machen? Er nimmt eine respektvolle, feierliche Haltung ein, er wendet sich gegen Süden, von wo Licht und Wärme kommen, und so verweilt er und lässt der Energie des Himmels, der Erde und seiner selbst freien Lauf ... Immer geschieht, was geschieht, denn der Mensch handelt zwar, aber er handelt nicht als Mensch ... Der Mensch soll den Weg der Erde, des Himmels, den Weg der Sterne gehen ...«

Zwischen Himmel und Erde lebt und wirkt der Mensch, doch seit alters her war den Weisen klar, dass das Untere dem Oberen gleicht und das Obere dem Unteren. Die Ordnung der Gestirne »dort oben« kann auch Ordnung sein für den Einzel-Menschen »hier unten«, Ordnung für das eigene Leben. Vielleicht kann hier der Melancholische seine Sehnsucht nach Ordnung erfüllen, einer Ordnung, die als Leitmotiv für das Leben zu sehen ist, die aber nichts, gar nichts zu tun hat mit der menschlichen Regel des ›Ordentlich-sein-müssens‹. Man kann davon ausgehen – vor allem die Astrologie tut dies –, dass bestimmte Planeten-Konstellationen astrophysische und astropsychische Einflüsse auf den Menschen haben. Im großen Gebäude der Astrologie sind Wahrheiten zu finden, aber auch Täuschungen; und Wahrheit und Täuschung lassen sich nicht immer differenzieren ...

Fest steht jedenfalls, dass zwischen Gestirnen und Menschen eine geregelte Beziehung besteht, und dass bestimmte Gestirn-Konstellationen sehr wohl die Befindlichkeit eines Menschen modifizieren. Die biochemische Wissenschaft gibt durchaus Hinweise, dass die Gestirne auf das molekulare Geschehen im menschlichen Körper einwirken: Der Mond bestimmt nicht nur die gewaltigen Zyklen der Meeresgezeiten, sondern verändert – unter anderem – auf zyklische Weise den Östrogen-Spiegel im Menschen. Und die Sonne regelt – unter anderem – den Melatonin- und Noradrenalin-Gehalt im Blut ... Modifiziert vielleicht Saturn die Serotonin-Konzentration im menschlichen Gehirn …? Man könnte noch viele erforschte oder hypothetische Hinweise bringen über das zyklische Spiel, das die Gestirne mit dem Menschen treiben.

»Wenn du im Tanze dich regst,
So regen sich alle Gestirne
Mit dir und um dich herum.«

(Johann Wolfgang von Goethe)

Früh in der Kulturgeschichte der Menschen beginnt die Erforschung der Gestirne und deren Einfluss auf den Menschen; dabei konzentrierte man sich vor allem auf die Planeten unseres Sonnensystems, von denen ursprünglich nur fünf bekannt waren: Merkur, Venus, Mars, Jupiter und Saturn.

Die Melancholie, so nimmt man an, gehöre zum Saturn, der jahrhundertelang als der am weitesten entfernte Planet des Sonnensystems galt (erst 1930 wurde der vorläufig letzte Planet Pluto entdeckt). Saturn, der gelbbraune Gasriese, wurde von den Astronomen im alten Babylon wegen seiner scheinbar langsamen Fortbewegung auch ›der Beständige‹ genannt; die Römer nannten ihn nach dem Gott, der die Saat zum Sprießen brachte. Und mit seiner Sonnenumlaufzeit von rund dreißig Jahren entsprach er der damaligen Lebensspanne der meisten Menschen. Das menschliche Auge kann – ohne Fernrohr – Saturn am nächtlichen Sternenhimmel sehen, und das in einer Entfernung von mehr als 1000 Millionen Kilometern! Hier auf Erden können wir – selbst von allerhöchsten Bergen aus – selten mehr als tausend Kilometer weit blicken. Richten wir aber unser Auge ins Universum, dann durcheilt unser Blick Entfernungen von zig Millionen Kilometern … Man ist sich viel zu wenig bewusst, in welch unvorstellbare Weiten der Mensch schauen kann.

Marsiglio Ficino (15. Jh.) von der Platonischen Akademie in Florenz sieht viele Zusammenhänge zwischen Saturn und Melancholie und betont, dass »dem Saturn jene göttliche, einmalige Fähigkeit innewohnt, die Aristoteles den Melancholikern zusprach«. Doch Saturn bringt nicht nur Erleuchtung, sondern auch Bedrückt-sein und – schlechte Laune. Marsiglio Ficino:

> »Genau wie die Melancholie teilt auch Saturn, dieser gegensätzliche Dämon, der Seele einerseits Trägheit mit und Verzagtheit, aber auch die Kraft des Geistes und der Kontemplation; wie sie, die Melancholie, bedroht er unablässig jene, die ihm unterworfen sind – welch' edle Köpfe es auch immer sein mögen – mit den Gefahren der Traurigkeit oder ekstatischer Außerordentlichkeit.«

Ficino, der anthropozentrische Philosoph und Astronom/ Astrologe meint, dass nicht nur die wundersamen Kinder des Saturn – die Melancholiker – mit überragenden Fähigkeiten ausgestattet sind, sondern dass jeder bei entsprechender geistiger Akribie sich in den Einflussbereich des Saturn hineinarbeiten kann. In den Darstellungen Ficinos erscheint das Wesen des Melancholikers hochambivalent: euphorisch ↔ niedergeschlagen, dynamisch ↔ dumpf-bedrückt. Solchen Melancholikern begegnet man noch heute: Ich habe dies als zwei (oder mehr) Persönlichkeitstypen in *einem* Menschen beschrieben (siehe Seite 43 ff.). Ein Typus verkörpert den »typisch Melancholischen« (tiefsinnig, sensibel, kreativ, jenseitig orientiert und traurig lächelnd), ein anderer Typus (im selben Menschen) kann ein impulsiver Salonlöwe oder ein rational-scharfzüngiger Zyniker sein. Daneben gibt es natürlich noch den »reinen«, gewissermaßen 100-prozentigen Melancholiker, dessen »zwei Seelen in seiner Brust« melancholisch/melancholisch sind.

Die humanistischen Zirkel aus der Zeit von Ficino entwickeln ein durchaus mystisches Bild der saturnischen Melancholie. Und in Saturn verehren sie den Planeten, der Einfluss ausübt auf Philosophen, beschauliche Künstler und Eremiten. Seit jeher gilt Saturn auch als Erdzeichen, er weist in die Tiefe der Erde und gleichzeitig in die unendliche Höhe und führt so zu Verinnerlichung, Meditation und stiller Besinnlichkeit mit Ausblick in die unbekannte Weite der Schöpfung: Aus der Sicht der antiken Astronomie ist Saturn schließlich der äußerste Planet des Sonnensystems, jenseits von ihm dehnt sich das Universum unendlich aus. Saturn-Menschen gelten als vorsichtig, oftmals langsam (im Sinn von bedächtig), pflichtbewusst; sie sind ausdauernd, genügsam und erkennen ihre Grenzen – alles Kennzeichen der Melancholie. Doch kann Saturn die menschliche Seele auch mit Kälte erfüllen, Düsternis und gar mit Härte und herzloser Strenge. Der berühmte Poet Victor Hugo nennt Saturn einen schrecklichen und gleichermaßen wohltätigen Himmelskörper:

»Es gibt Tage des Nebels, des ungewissen Lichts, wo der Mensch, dessen Anstrengungen das Leben in jedem Augenblick zunichte macht ... sich über den unsicheren Rand des unergründlichen Geheimnisses beugt ...
... jeder wird seine Seelenreise machen, vorausgesetzt er hat gelitten, vorausgesetzt er hat geweint. – Alle! ausgenommen die Bösen, deren schändlicher Geist wie ein zerrissenes Buch ist. Diese wird Saturn, ein schrecklicher und wohltätiger Himmelskörper, so lange zu sich nehmen, wie Gott sie bestrafen will, mit der Strafe zugleich des Himmels und der Erde, durch die Sehnsucht und durch die Erinnerung.«

(Victor Hugo: ›Saturne‹)

Saturn ist mit seinen ihn umgebenden, atemberaubenden Ringen eine Besonderheit unter den Planeten – auf diesen Ringbahnen kreisen unzählige Meteoritenteile und riesige, schillernde Eiskristall-Felsen. Natürlich ist dieser Planet, so könnte man behaupten, von Lebewesen bevölkert, doch diese Wesen haben ein Sein, das weit jenseits des kleinen Spektrums der menschlichen Wahrnehmung ist; selbst wenn diese »Saturn-Wesen« die Erde besuchen würden – wir Menschen würden sie nicht sehen. Das Gesagte soll kein Science-fiction-Versuch sein, sondern darauf hinweisen, dass die schnelle Behauptung der Astronomen, dieser oder jener Planet sei ohne Lebewesen, zu engstirnig und *nur* vom Mensch-Sein und seiner begrenzten Wahrnehmung ausgeht. Man braucht die Bescheidenheit der Melancholie, um sich als Mensch nicht immer zum Maßstab allen Seins zu machen.

Vielleicht ist aber gar nicht Saturn der Planet der Melancholie, sondern ein ganz anderer Stern ... beispielsweise Pluto:

Im Jahr 1929 bewarb sich, ohne jegliche höhere Schulbildung, der 22-jährige Farmer Clyde Tombough am Lowell Oberservatory in Arizona um eine Assistentenstelle. Clyde Tombough – Melancholie im Herzen und Scharfsinn im Gehirn – erhielt aufgrund seiner autodidaktischen Vorarbeiten den ersehnten Job. In akribischer Suche fertigte Clyde Tombough Hunderttausende von Fotoplatten von den Fixsternen, immer auf der Suche nach dem Planeten X, dem neunten Planeten des Sonnensystems. Der 18. Februar 1930 war der Tag der fotographischen Entdeckung dieses Planeten, desjenigen, der der Sonne am fernsten ist, wenn man in Kilometern denkt ... Dem Gott der Unterwelt – Pluto – wurde dieser neunte Planet geweiht.

Von den übrigen Planeten des Sonnensystems unterscheidet sich Pluto auf krasse Weise. Er hat, analog dem melancholischen Menschen, nur eine dünne, hochsensible Atmosphäre als umhüllenden Schutz, und er zieht – anders als die übrigen Planeten – eine sehr exzentrische Bahn um die Sonne und bewegt sich zur Zeit sogar innerhalb der Umlaufbahn des Neptun. Pluto lässt sich für seine würdevolle Umkreisung der Sonne sehr viel Zeit: 258 Jahre ... die Langsamkeit der Melancholie. Pluto wird als klein angesehen, so klein, dass man ihm gar den Status als »normaler« Planet aberkennen möchte, so wie man der Melancholie die »Normalität« abspricht. Plutos Herkunft ist im Dunkeln. Als Planet ist Pluto so geheimnisvoll, wie auch die Melancholie als all-umfassendes Sein geheimnisvoll ist. Lange Zeit nach der Entdeckung des Planeten Pluto erkannte man (mittels besserer Radioteleskope), dass Pluto einen ihn umkreisenden Mond besitzt. Chiron ward er benannt, zu Ehren des Fährmanns, der die Toten über den Grenzfluss Styx in eine jenseitige Welt bringt.

Ist Pluto aufgrund seines Andersseins der eigentliche Planet der Melancholie? Oder *verbindet* gar die Melancholie die Planeten Saturn und Pluto und Erde miteinander, nicht mit Schwerkraft, sondern mit Schwermut ...

»Nebel zieht auf, das Wetter schlägt um.
Der Mond versammelt Wolken im Kreis.
Das Eis auf dem See hat Risse und reibt sich.
Komm über den See.«

(Sarah Kirsch: ›Anziehung‹)

Wenn wir irgendwo ins Universum hinausfliegen, erlischt die Vorstellung von Raum und Zeit, und jegliches Begreifenwollen wird absurd. Die Milchstraße, an deren Rand unser Sonnensystem kreist, rast mit 300 km pro Sekunde voran. Und unsere Sonne braucht für eine Umkreisung des Zentrums der Milchstraße 220 Millionen Jahre. Dagegen ist die menschliche Lebensspanne – ob wir sie mit dreißig oder einhundert Jahren bemessen wollen – ein unglaublich winziger Punkt, der in der Unendlichkeit des Alls sich verliert …

Unvorstellbar sind die räumlichen Ausmaße der Milchstraße, und dennoch ist sie klein im Vergleich zu anderen Galaxien – von denen es einhundert Milliarden geben dürfte. Die nächstgelegene Galaxis, den Andromeda-Nebel, sehen wir, wie er vor 700 000 Jahren war – so lang ist sein Licht zu uns unterwegs. Ob es diese Galaxis noch gibt und wo sie sich befindet, wissen wir trotz höchst präziser Teleskope nicht.

Dies ist eine unfassbare Wirklichkeit. Und mitten drin, in der unendlichen Dunkelheit des Universums, ist unsere winzige Existenz. Kann sich der Mensch in der Kälte und dem Schweigen des Universums geborgen fühlen? Geht er an unendlicher Einsamkeit zugrunde? Wo ist Diesseits und wo das erhoffte Jenseits? Wenn wir beten – auf welcher Galaxis landet dieses Gebet? Oder sind wir selbst bei der Erforschung von Milliarden Galaxien und trotz einer Fülle von Daten in unserem Gewahrwerden überfordert? Ist die menschliche Seele zu klein, das Jenseits zu erahnen, das sich – vielleicht – sowohl zwischen den Galaxien weitet als auch im tiefsten Grunde unserer Seele …?

Der Mensch zwischen Grausamkeit und Liebe

In einem der ältesten Schriftstücke der Menschheit – dem Gilgamesch-Epos – heißt es: »... und die Götter berieten sich mit Anu [dem obersten Himmelsgott] / eine reißend-vernichtende Sintflut gegen die Menschen zu machen / das würde das Herz der großen Götter lachend erfreuen / ...«

Sind die Götter grausam oder liebevoll den Menschen gesonnen?

Spielen die Götter mit ihrer Allmacht, wie ein kleiner Junge mit Ameisen spielt, die er abwechselnd mit einem Stöckchen quält, gegeneinander kämpfen lässt, denen er dann wieder leckere Krümel hinwirft, bis er schließlich die ihm ausgelieferten Ameisen einsperrt, um ihnen später wieder befristete Freiheit zu geben: Spielen so die Götter mit dem Menschen?

Ist der Mensch wehrlos ausgeliefert einer höheren Willkür oder einer höheren Macht, die wir – in menschlicher Begrenztheit – niemals erforschen werden, bestenfalls erahnen können?

Dieses Gefühl des Ausgeliefertseins an ein Schicksal, das wir nicht kennen, gehört zur Absurdität des menschlichen Daseins und gehört ebenso zur Melancholie.

Zu jener im Gilgamesch-Epos erwähnten Götter-Versammlung, die sich an der bevorstehenden Qual der Menschen erheitern wollte, gehörte auch die Göttin der Liebe, Ischtar, diese aber war – trotz ›Liebe‹ – mit Degen, Säbel und Bogen bewaffnet und gleichzeitig (!) – seltsam? – als Göttin des Streites und Krieges verehrt und gefürchtet.

Wer Macht hat über andere, entfernt sich von der nach Harmonie und Gleichheit strebenden Melancholie. Macht-Gier vergisst jegliche Liebe ... Liebe, die auch Teil der Melancholie ist.

Das Macht- und Kampfgehabe eines Soldaten kann in roher Grausamkeit enden. Doch Machtgerangel gibt es oft genug auch am Arbeitsplatz, ob am Fließband oder am Konferenztisch. Im alltäglich rücksichtslosen Gekämpfe wird oft äußerlich die korrekte Form bewahrt, und so werden die vielfachen Weisen *subtiler* Grausamkeiten kaschiert. Die allseits gepriesene ›Durchsetzungsfähigkeit‹ erzeugt rücksichtsloses Nach-oben-Kämpfen und Mobbing. Wenn zu Anfang unseres neuen Jahrtausends die Kinder in Pokémon-Manie verfallen, dann üben sie in ihrer Gameboy-Welt das Kämpfen und Siegen, und wenn sie ein Poké-Monster – den Spielregeln entsprechend – hierarchisch ›weiterentwickeln‹, so gewinnt dieses fiktive Wesen an Stärke, wird stärker für Angriff und Kampf. Ein eher melancholisch gestimmtes Kind verliert in der Gameboy-Trance kämpfender Klonwesen sein ursprüngliches Friedlichsein und seine freundliche Tiefsinnigkeit. Frühzeitig werden so – vor allem bei Jungen – weiche melancholische Eigenschaften nachhaltig überschwemmt von Kampfeslust und Siegeswillen. So können sich bereits in früher Kindheit härtere Persönlichkeitsanteile ausbilden, es sei denn, die Eltern begrenzen die aus dem Medienspektakel hervorquellende Gewalt und bieten den Kindern noch eine andere – echte – Realität, in der liebevoller Umgang und Toleranz herrschen.

Leider muss man eingestehen, dass Machthaben und Macht-Missbrauch den Alltag der Erwachsenenwelt wesentlich bestimmen. Unter dieser Gegebenheit des Alltags leidet der Melancholische, denn Macht und Machtmissbrauch stehen im Gegensatz zur Melancholie. Aber auch Ohnmacht gehört nicht zur Melancholie. Demütigend und erdrückend empfindet der Melancholische das Joch der Ohnmacht, aber er erträgt es dennoch.

Die Macht der herrschenden Menschen überdeckt die Ohn-Macht der untertänigen Menschen. Und die Macht der Götter – eindrucksvoll dargestellt im Gilgamesch-Epos – breitet sich unendlich aus über die Ohnmacht aller Menschen …

Menschliche Macht oder menschliche Ohn-Macht – ein Lebensschicksal, und der Melancholische leidet unter beiden.

Die All-Macht der Götter vorbildhaft vor Augen, erwächst

in manchen Menschen ein Macht-Streben, das nach einer Art von Macht giert, die nie erreichbar sein wird. Die Verbissenheit, mit der zig Millionen Menschen auf unterschiedliche Formen von Macht hinarbeiten, ist – angesichts von Unerreichbarkeit und Vergänglichkeit – nicht nur absurd, sondern nachgerade lächerlich. Der Mensch gebärdet sich als Ameise … als eine Ameise, die sich gegen den – aus Ameisen-Sicht allmächtigen – spielenden Jungen auflehnt und ebenfalls so mächtig werden will wie dieser. Doch der Junge mit seinem die Ameisen manipulierenden Stöckchen ist zum Schicksal für diese Kreaturen geworden. Der nach Macht strebende Mensch handelt als Ameise, und spätestens am Ende seines Lebens erfährt er – mit erbarmungsloser Wucht – die Winzigkeit seiner Existenz. Im menschlichen Machtstreben ist die Tragik des Scheiterns von Anfang inbegriffen. Die Tragik wird, wie bei Prometheus, von Trotz übertönt.

>»Bedecke deinen Himmel, Zeus,
Mit Wolkendunst
Und übe, dem Knaben gleich,
Der Disteln köpft,
An Eichen dich und Bergeshöhn!
… Hier sitz ich, forme Menschen
Nach meinem Bilde,
Ein Geschlecht, das mir gleich sei,
Zu leiden, zu weinen,
Zu genießen und zu freuen sich,
Und dein nicht zu achten,
Wie ich!«

(Johann Wolfgang von Goethe: ›Prometheus‹)

Das Gilgamesch-Epos entstand aus der Wiege der Menschheit – Mesopotamien. Und in Mesopotamien entwickelten sich wohl auch die ersten Schriftzeichen und die ersten schriftlichen Dichtungen: Hymnen an die Macht und Ohnmacht, Hymnen über Wohlergehen und Liebe, über Zerstörungen und Kriege. Eine Geschichte des Mensch-Seins in Mesopotamien ist eine

Geschichte des Mensch-Seins auf Erden mit dem breiten Spektrum von Liebe ausstrahlender Kontemplation bis hin zu vernichtendem Mächtigsein und Grauen verbreiten.

Inmitten der Vielfalt menschlichen Handelns, zwischen Grausamkeit und Liebe, versuchen die melancholischen Menschen mit Mühe zu überleben ... Doch sie leiden nicht nur unter den harten Gegebenheiten, sondern sie entdecken immer wieder kleine Inseln voll heimlichem Glücklichsein. Und – was besonders wichtig ist – die Melancholischen bieten für die Menschheit-als-Ganzes ein notwendiges Korrektiv: Die Melancholie trägt dazu bei, dass aus den kleinen Privatkriegen und den großen öffentlichen Kriegen wieder Friede wird, aus Hass ein Hauch von Toleranz, aus Gleichgültigkeit ein wenig Mitgefühl ...

Der melancholische Mensch schwebt im Spannungsfeld von Grausamkeit und Liebe ...

Betrachten wir einmal die Geschichte der Menschheit, ausgehend vom Beispiel Mesopotamiens, und versuchen wir diese Geschichte mit den Empfindungen eines melancholischen Menschen – *mit dem Herzen* – zu lesen:

... Einzelne Geschehen stehen für viele ...

... 7500 Jahre zurück, geschehen in Mesopotamien:
Stämme aus dem Gebiet von Hasuna, zwischen Euphrat und Tigris, überziehen die Länder südlich von ihnen mit dauernden Kriegen. Wälder und Getreidefelder brennen sie nieder, und allen Bewohnern, die sie im Kampf besiegen, trennen sie den Kopf vom Leibe, schneiden das Gesicht und alles Weiche weg, bis sie den knöchernen Schädel vor sich haben, der dann in Kalkmasse gehüllt wird. Und die umkalkten Schädel, siegreich bemalt, werden unter den eigenen Schlafbänken verscharrt ...

... vor 5000 Jahren:
Volkstümliche Sagen werden zur Dichtung. Und Dichtung wird durch Schrift festgehalten. Dies geschieht – wahrscheinlich zum ersten Mal in der Menschheitsgeschichte – hier in Mesopotamien.

... und vor 4000 Jahren:
Über Jahrzehnte ist blühender Wohlstand im Lande, vielleicht gibt es Wohlstand nicht nur für reiche Familien, sondern bescheidenes Überleben auch für die Mehrzahl der Untertanen. Den Göttern werden Tempel gebaut und überall im Lande verstreut auch kleine Altäre.
Mythen-Reime verdichten sich zur Keilschrift und werden für die Nachwelt niedergeschrieben.

... vor 3000 Jahren:
Männer, Frauen und Kinder, ja sogar Sklaven und Mägde feiern regelmäßig wiederkehrende Jahresfeste; mit Opfergaben und liturgischen Schauspielen werden zunächst die Götter wohlwollend gestimmt; dann darf man sich im sinnlichen Schwelgen den eigenen Lüsten hingeben.
Die Menschen trauern und weinen um ihre Verstorbenen – wohl genauso wie heute, doch sind die Bestattungsrituale andere: Man gibt den Toten Speisen, Schmuck und Waffen mit auf ihre letzte Reise und eine Art kleines Boot zur Überquerung des Chuburflusses, der das Diesseits vom Jenseits trennt. Die Toten sollen sich wohlfühlen im Jenseits, damit sie nicht als üble Dämonen zurückkehren.

... vor 2400 Jahren:
König Xerxes II wird getötet von seinem jüngeren Bruder, und dieser, kaum König geworden, wird von seinem Halbbruder ermordet (die Herrscher seien – auf göttliches Geheiß – den Untertanen ein »Vorbild«).

... vor 1400 Jahren:
Mohammed – Prophet des Irdischen und gleichermaßen des Geistigen – wird Schöpfer einer Religion, die auch die Menschen in Mesopotamien erfasst ... nur manchmal gibt es ein Gleichgewicht zwischen Diesseits und Jenseits, meist liegt das Schwergewicht im Diesseits.

... vor – relativ gesehen – wenigen Jahren:
Aus der Erde wird Öl hervorgepumpt – wieder entsteht reichlicher Wohlstand für wenige Machthaber und bescheidenes Überleben für die Untertanen des Wohlstands.

... 1963 im Irak, Mesopotamien:
... Der diktatorische Staatschef, General Kassem, wird gestürzt und am folgenden Tage erschossen, auf Anweisung seines Nachfolgers, seines früheren Freundes und Mitkämpfers Aref.

... und 1978:
... Am 25. März desertiert der Soldat N.M. Said, weil er, einer blitzhellen Eingebung folgend, nicht mehr länger ausharren will in der Kriegskaserne, sein Soldatsein als sinnlos empfindet, als widerlich, absurd. Zurück will er zu seiner Familie. Doch er kommt nie dort an, wird vorher gefasst ... Stockschläge bis aufs Blut, dann wird er eingesperrt in ein stinkendes, schwarzes Kerkerloch, am Morgen Kriegsgericht, Schnellverfahren, Verurteilung zum Tod durch Erhängen ... der Urteilsvollstreckung kommt N.M. Said zuvor und tötet sich selbst – »auch« durch Erhängen – in seiner Zelle.

... und 10 Jahre später:
Gemetzel zwischen Sippen, jahrelang gegenseitig gequält, gegenseitig vertrieben. Tausende verlassen ihre Dörfer aus Angst, vom Unheil ins Unheil zu geraten ... Tausende werden grausam ermordet, mit Chemikalien vergiftet, erschossen.

In dieser Zeit beginnt auch der 20-jährige Krieg gegen den Iran ... Auch Frauen in muslimischen schwarzen Kleidern, das Haupt bedeckt, und geladene Maschinengewehre in Händen, werden in den Kampf geschickt ... Chemische Waffen verbrennen – ohne Feuer – einst fruchtbare Ländereien ... Menschen, mehr als eine Million Menschen, werden von Menschen getötet. Homo homini lupus.* Doch die Wölfe leben mehr Liebe als der Mensch.

Krieg und vorläufiger Frieden wechseln wie Ebbe und Flut, und zwischen den Gezeiten entstehen Schulen für die Kinder des mesopotamischen Reiches, das unter anderen Staatsnamen firmiert ... Medizinische Versorgung, Wohnraum, Kleidung, limitierte Freiheit, Religion und Fernsehen gibt es für viele der Untertanen.

... und wieder einige Jahre später:
Die alten Kolonialheere, US-angeführt, kommen und töten. Da sie in Techno-Waffen überlegen sind, zerstören sie perfekter denn je: Sie zerbomben menschliche Wesen und menschlich Erschaffenes, zerfetzen, verbrennen, vernichten ... Krieg total. Golf-Krieg. So wird es gemacht: Die westlichen Armeen sind Lehrmeister. Mesopotamien: der Ursprung der Menschen und das vorgeführte Ende.

* Der Mensch ist dem Menschen ein Wolf.

Und die restliche Welt schaut zu: Zustimmend schauen die einen zu, protestierend schauen die anderen zu.

Doch irgendwo in Mesopotamien liebt eine Frau ihre drei Kinder und liebt ihren Mann, und dieser Mann liebt seine Frau, seine Kinder und ...

Liebe und Krieg.
Krieg und Liebe.

Vergeblich versucht Melancolia in Mesopotamien (und anderswo) zwischen Axt und Holz zu vermitteln, doch sie scheitert, und irgendwo auf dem weiten Feld bleibt Melancolia schwer verletzt liegen ... und wird dennoch – wieder einmal – überleben ...

Mesopotamien – die Wiege der göttlichen und menschlichen »Kultur« ... in dieser Wiege: Macht und Ohn-Macht, Grauen und Leid, kreatives Streben und leise Liebe ...

Dies ist die »Geschichte der Menschheit« am Beispiel von Mesopotamien. Diese Geschichte steht stellvertretend für die Historie aller anderen Länder. So wie der »normale« Mensch in Mesopotamien handelte und handelt, so gebärdet er sich überall auf Erden. Und die melancholischen Menschen leiden darunter.

Auf dem Marktplatz von Colle Val d'Elsa begegnete ich Donato F., dem Händler. Ein paar kurze Begrüßungssätze, dann: »Finalmente è finita la guerra«. Endlich ist der Krieg vorbei. Er meinte den Golf-Krieg. Donato F. setzte sich zu mir an den Caféhaus-Tisch. »Letztendlich führen doch viele Menschen kleine oder größere Kriege, lediglich mit anderen Mitteln ... Kleine Krieglein im Büro, gegen die Kinder, als Ehemann gegen die Ehefrau und umgekehrt und so weiter ... Aber vielleicht sehe ich das alles zu melodramatisch ...«

> »... wachset und mehret Euch,
> vermehrt Macht und Gewalt ...
> wer sich entzieht, wird zermalmt,
> geht zugrunde

... Schlagen oder leiden,
Axt sein oder Holz,
eisern ist die Faust
gegen die sanften Hände ...«

(Loriana Lamberti: ›Bene e male‹)

Im täglichen Überlebenskampf, im Erkämpfen von Besitz und Vorteilen, haben es melancholisch-gestimmte Menschen besonders schwer, denn Melancholiker sind – wie erwähnt – in der Tiefe ihrer Seele nicht gewalttätig und nicht kämpferisch; wenn sie zerstören, dann eher sich selbst als andere. Dieses ursprünglich Friedliche der Melancholie ist eine von vielen Fassetten der Liebe.

Wenn ein Melancholiker innerlich umkippt in ausweglose Depression, dann kann sich das Friedlich-Zurückhaltende der Melancholie noch auf bizarre Weise vermehren, indem der Depressive im Sumpf tiefster Traurigkeit ganz versinkt und lähmende *Schwer*mut sein Tun auf das Überlebens-Notwendige reduziert: im Bett liegen, kaum essen, viel grübeln, ungetröstet bleiben in einem Übermaß an Todessehnsucht ... Ein solch Tiefdepressiver ist – dies mag zynisch klingen – für andere keine akute Gefahr.

Doch gibt es auch, deutlich seltener, eine andere ausweglose Depression, in der menschenverachtender Fatalismus hochwallt, ein Fatalismus, dem das eigene Leben gleichgültig ist und der auch Zerstörerisches gegen andere Menschen zulässt. Im moribunden Gefühl von Sinnlosigkeit sinkt ein solch Depressiver in den dunklen Schoß des Todes und verbreitet tödliche Gleichgültigkeit gegen sich und seine Umgebung. Verbrüdert sich dieser tief Depressive noch zu Lebzeiten mit dem Tod und hausen in seiner Seele zusätzlich impulsiv-gewalttätige Charakterelemente, dann kann er zum sinn-entleerten Vollstrecker des Terrors werden, wie jener Herrscher des Grauens in dem Film »Apocalypse now« (dargestellt von Marlon Brando), der tief im Dschungel von Kambodscha Köpfe abschlagen lässt und sie zur Verzierung auf Pfählen aufreiht.

Das Grauen schafft die Leere für einen Nihilismus, in dem keine ethischen Werte mehr gelten.

Gewalttätig und grausam sein ist Teil des Mensch-Seins. Diese zerstörerischen Eigenschaften des Menschen waren offenbar schon in der Wiege der Menschwerdung enthalten – bereits vor Jahrmillionen – oder, modern formuliert: Schon beim Urmenschen ist ›Gewalt üben‹ genetisch verankert.

Im Unterschied zu seinen tierischen Vorfahren wurde der (Ur-)Mensch im Lauf der jahrmillionenlangen Entwicklung zu einem hochgradig cerebralisierten Wesen, ein hirnlastiges Tier … Diese Differenzierung seines Hirns, eines immerhin eineinhalb Kilogramm schweren Organs, machte den Menschen überlegener, wendiger, findiger. Doch diese neuen Fähigkeiten setzte der Ur-Mensch und setzt der Jetzt-Mensch vor allem dazu ein, seine tierisch-gebliebenen Triebe umfassender, übersteigerter zu befriedigen. Die wachsende Klugheit lässt den Menschen in seinem Trieb nach Fressen, Paarung, Eroberung und Macht alle »natürlichen« Grenzen überschreiten – rücksichtslos zerstörerisch ist seine Klugheit, die ihn auch nicht davor zurückhält, Artgenossen zu töten.

In der Tat waren das Töten und Fleischfressen und der Kannibalismus das Auffälligste, das den neu-entstandenen Ur-Menschen von den Ur-Menschenaffen und den Menschenaffen unterscheidet. Die Affen waren und sind grundsätzlich Vegetarier, kennen kein (bzw. nur in Ausnahmesituationen) Morden ihrer Artgenossen. Vielleicht ist die Frieden verbreitende Melancholie in den Herzen unserer äffischen Vorfahren tiefer verwurzelt als im Menschen.

Eine äußerst fatale, doch echt »menschliche« Eigenschaft ist es, Artgenossen zu töten, auch ohne Not und Zwang, nur aus Genuss- oder Machtsucht. Dieses »typisch menschliche« Töten war bei unseren stammesgeschichtlichen menschlichen Vorfahren noch mit Kannibalismus gepaart. Das Auffressen seiner Feinde hat der »moderne« Mensch verlernt, der Mordtrieb aber ist ihm geblieben, und er tobt ihn aus, in ständigen Kriegen, Massenmorden, irrsinnigen Kriegsvorbereitungen und – doppelt pervertiert – in einem unbegreiflichen Selbstzer-störungs-trieb, indem er die eigene Umwelt ruiniert und damit Tod-bringendes gebiert.

Ob dieser Gegebenheiten verzweifelt der Melancholiker.

Das Mehr an Großhirn-Substanz hat noch anderes bewirkt: Es »befähigt« das »menschliche Tier«, sich als selbstständiger Teil der Natur wahrzunehmen, sich als »Ich« zu erkennen. Das menschliche Tier bleibt zwar ein Teilchen im großen Teilwerk der Natur, aber es *weiß*, dass es ein Teilchen ist ... aber vielleicht wissen dies auch die Tiere und Pflanzen.

Der natürlichen, selbstverständlichen »Rückholung« alles Lebenden durch den Tod widersetzt sich der Mensch immer heftiger, je mehr er sich als selbstständiges, machtbewusstes Lebewesen begreift und sich Gedanken macht über Grundfragen des Lebens. (Woher kommt das Leben? Warum sterben? Was ist der Kosmos? Gibt es Gott? ...) Der Mensch kämpfte und kämpft um sein Leben, gegen seinen Tod, gegen das Nichts. Doch dieser Kampf ist nur für beschränkte Zeit erfolgreich, nie auf Dauer, denn bekanntlich sterben wir alle, das Nichts oder der Tod »holt« sich jeden und alles wieder. Oder gibt es Ausnahmen?

Was ist mit jenen Menschen, die sich für die Zeit nach dem Tode ein göttliches Jenseits wünschen? Oder ein Eins-Werden mit dem Kosmos? Was ist mit jenen, die sich freiwillig – durch Freitod – ins Nichts oder ins Jenseits zurückbegeben? Und was geschieht mit den Menschen, die, eingebettet in die Melancholie der Natur, sich dem kosmischen Rhythmus hingeben und sich dem Leben und Sterben *nicht* widersetzen?

Gibt es ein Lebewesen, einen Menschen, der sich dem »tödlichen Sog« des Nichts oder des Jenseits auf Dauer, für immer widersetzen kann?

»Und«, so fragt der Melancholische, »falls ein Nicht-Tod, ein Nicht-Zurückkehren ins Nichts / Jenseits möglich wäre – wäre es denn erstrebenswert?«

Mag das Grausamsein genetisch festgelegt sein – ist dann auch die Liebe im Menschen feinstofflich verankert? Die Melancholie – nicht die Depression – wird zweifellos von einem mächtigen Hauch der Liebe durchweht, einer wehmütigen, verschleiert-lächelnden Liebe, die sich mit Stille und mystischer Sehnsucht umgibt.

Wie die Melancholie ist auch das Phänomen Liebe überall auf Erden zu finden und zu spüren, und auf dem Boden fruchtbarer Melancholie gedeiht Liebe besonders üppig ... Liebe in ihren vielen Fassetten: Freundliche Eltern lieben ihre Kinder, wertschätzen sie, fühlen sich ihnen verbunden ... Liebe ... Zwischen Verliebten strömt glühende Zuwendung ... Liebe ... Eine Elefantenmutter sorgt sich um ein anderes, verwaistes Elefantenkind, zeigt geduldige, warmherzige Zuneigung ... Eine Krankenschwester kümmert sich um einen Sterbenden, mit-leidend, hingebungsvoll und sanft ... Eine summende Biene umkost eine lockende Kirschblüte ... Zwei Menschen, die streiten, schließen sich-selbst-überwindend Frieden und respektieren einander ... Ein gläubiger Mensch verehrt von Herzen seinen Gott und gewinnt daraus seine Geistesgröße und natürliche Toleranz und Ehrerbietung für den Mitmenschen ... all dies ist Liebe ...

> »Er ist es, er, der Innerste,
> Der mein ureignes Wesen führt
> Und es erweckt, indem er mich
> Verborgen und geheim berührt.
> ...
> Ob Tage kommen, Zeiten gehen,
> Er ist es, der mein Herz bewegt,
> In manchem Namen, manchem Kleide,
> In mancher Freude, manchem Leide,
> Und mich in die Verzückung trägt.«

(Rabindranath Tagore, indischer Dichter)

Der Mensch – selbst wenn er von alltäglicher Grausamkeit umgeben ist – kann sich dem Strom der Liebe immer wieder hingeben ...

Die Melancholie beheimatet aus dem breiten Spektrum der Liebe eine besondere Form von Liebe, eine bitter-süße, wehmütige Liebe, die zu Anfang schon das mögliche Ende erahnen lässt. Die melancholische Liebe ist wie eine schlichte, individuell-wahre Religion, die keine Tempel und Kirchen braucht, keine Moscheen und keine Altäre, die jedoch auf Mitgefühl baut und Spirituelles ersehnt. Die melancholische Liebe ist wie ein Wunsch, der sich nur teilweise erfüllt, wie ein stilles Streben, das nie sein Ziel erreicht ... Trotz dieser scheinbaren Unzulänglichkeit könnte die melancholische Liebe als Vorbild dienen für die mit-sich-selbst-beschäftigten »Normalen« ...

Viele »Normale« suchen ihr Glück im materiellen Reichtum und vergeuden ihre Zeit mit bedeutungslosem Tun; diese Normalen können sich nicht am Glück der anderen erfreuen, sie wollen nicht das Glück der Mitmenschen vermehren, sondern primär – und eigentlich dauernd – das eigene Glück zusammenzimmern, indem sie sich ein Haus bauen aus gestohlenen oder morschen Balken. Dauernd machen die Normalen irgendetwas, sie arbeiten, telefonieren, sitzen vor dem TV-Apparat oder planen den nächsten, diesmal besonders spektakulären Urlaub ... Sie machen und machen und konzentrieren sich dabei auf sich selbst und auf die dinglichen Accessoires zum angeblichen Glücklichsein. Doch jede irdisch-glückliche Erfahrung ist ohne Kontinuität. Im günstigsten Fall durchschreiten die Normalen ihr Leben ohne große Krisen, aber selbst dann ist das Ende des egozentrischen Glücks absehbar, gewissermaßen vorprogrammiert, ein Ende durch Krankheit, Einsamkeit, Gebrechlichwerden oder durch den Tod. Wer sich im egozentrischen Glück der Dinglichkeiten einnistet, dem bleibt Entscheidendes verborgen.

... Die melancholische Liebe als Vorbild?

> »... alles, was uns anrührt, dich und mich,
> nimmt uns zusammen wie ein Bogenstrich,
> der aus zwei Saiten eine Stimme zieht.
> Auf welches Instrument sind wir gespannt?
> Und welcher Geiger hat uns in der Hand?
> O süßes Lied.«
>
> *(Rainer Maria Rilke: ›Liebes-Lied‹)*

Auch wenn der Melancholiker seine melancholische Liebe mobilisiert und etwa im Alltag versucht, Frieden zu verbreiten und hilfreich zu sein, auch dann wird der Melancholiker nie wirklich Zufriedenheit finden. Im Gegensatz zu den meisten »Normalen« bemüht sich der Melancholiker, anderen möglichst kein Leid zuzufügen.

»Anderen kein Leid zuzufügen« – das mag gering klingen, und dennoch: Würde diese Aussage zur Maxime im Leben der Menschen werden, dann gäbe es mehr Gerechtigkeit, mehr inneren und äußeren Frieden. Und mehr Menschen könnten in emotionaler Transzendierung die Grenzen der Alltagsrealität überschreiten …

Ob wir dabei unsere Existenz als absurdes Alleinsein erkennen … oder ob wir uns eingebettet im mystischen Eins-sein erleben … oder dies … oder ein anderes erleben, all das ist nicht entscheidend, wichtig jedoch bleibt:

Wir als Lebe-Wesen brauchen als regelmäßige geistige Nahrung jene Erfahrungen, die überweltlichen Charakter haben … Und als Berater in Sachen ›geistige Nahrung‹ fungieren vorbildlich die melancholischen Menschen – man kann sie zum Vorbild nehmen und sie fragen …

Allein gegenüber Gott –
zur Philosophie der Melancholie

> »In Gott bist du einsamer
> als in einer Pariser Mansarde.«
>
> *(E.M. Cioran)*

Aufgrund von Gewohnheit und Anpassung tut der Mensch ständig Dinge, die er für notwendig erachtet ... Doch zwischendurch erfährt er kleine Erleuchtungen, die ihn die Lächerlichkeit, die Sinnlosigkeit und Absurdität seines Tuns erkennen lassen ...

Diese kleinen Erleuchtungen sind für den durch und durch melancholischen Menschen irrelevant. Er ist sich der letztendlichen Lächerlichkeit und Sinnlosigkeit seines Lebens ständig bewusst und spürt auch die Absurdität des Lebens. Indem er diese Sinnlosigkeit erkennt, erobert er eine schmale Spur absurder Freiheit.

Wir werden nur dann zu Versagern, wenn wir unserem Leben einen Sinn aufzwingen. In einem sinn-losen Leben darf ich zum sur-realen Freiheitskämpfer werden und mich gleichzeitig von meinem eigenen Tun lächelnd befreien. Der letztendlichen Nutzlosigkeit jeglichen Tuns gewahr werden – dies gibt meinem Wirken eine beinahe wunderbare Leichtigkeit. Auf diese Weise bringt der absurde ebenso wie der melancholische Mensch eine gewisse Unbeschwertheit, ja sogar eine leise Heiterkeit in sein Leben.

Gilt die Absurdität des Lebens auch, wenn wir an ein dem Menschen übergeordnetes göttliches Wesen glauben? Bestimmt Gott dann das Leben des Menschen nach dem Motto ›Der Mensch denkt, Gott lenkt‹? Oder überlässt Gott dem Menschen in seiner Begrenztheit einen Raum für menschliche

Entscheidungen, Raum, um eigene, individuelle Verantwortung zu übernehmen?

Oder ist der Mensch wie eine Kugel, mit der Gott spielt ...?

Ein Zeitgenosse des berühmten Berufs-Melancholikers und Schwermut-Forschers Robert Burton war im 17. Jahrhundert – weit weg von England wirkend – der Jesuit und Münchner Hofprediger Jeremias Drexel. Dieser schreibt über das Mensch-Sein und dessen Bezug zu Gott:

»Wenn ihr hören wollt' ... so ist der Mensch ein Glücksspiel, ein Bildnis der Unbeständigkeit, ein Spiegel der Zergänglichkeit, ein Raub der Zeit, ein Leibeigen des Tods, ein beweglichs Grab, ... ein Traum des Schattens, ein lebendiges Aas, ein lebendiger Tod ... eine Kugel damit Gott spielt ...«

Der Mensch »als Spiegel der Zergänglichkeit« – Melancholie, die parallel zur Freude auch das eigene Elend sieht, parallel zur Lebenslust den lebendigen Tod ... und: parallel zur Erkenntnis oder Anbetung eines Göttlichen entsteht der Zweifel an der Existenz eines Gottes, was die eigene Ohnmacht vermehrt. Das Erfahren der eigenen Ohn-Macht angesichts der All-Macht des Göttlichen kann im Individuum Resignation, Trauer, Verzweiflung bewirken ... oder Gelassenheit, Gleichmut ... oder es entfaltet sich freudvolle Hingabe, kontemplatives Eins-Werden – communio – in Gottesliebe. Diese Hingabe zum Göttlichen hebt die menschliche Individualität auf und erinnert an die »unio mystica« des Meister Eckhart, eines der wohl bekanntesten Vertreter der abendländischen Mystik. Hier zeigen sich überdies Gemeinsamkeiten mit anderen spirituellen Richtungen, beispielsweise der ZaZen-Meditation des Zen-Buddhismus.

Das absurde, atheistische Da-Sein, das die Ohnmacht vor dem alles-umfassenden Nichts widerspiegelt, und das gottgläubige Da-Sein, das die Ohnmacht vor einem all-mächtigen Schöpfer widerspiegelt, zeigen Ähnlichkeit – und sowohl im absurden wie auch im gottgläubigen Sein kann die melancholische Seele eine Heimat finden ... wenn sie denn überhaupt eine Heimat findet ...

Eigentlich ist die melancholische Seele überall und nirgends zu Hause, auch wenn sie gelegentlich ein »Irgendwo« zur vorläufigen Heimat erklärt, denn einen gewissen Halt braucht die melancholische Seele zum Überleben. Letztendlich findet sie aber keinen Halt und keinen Ort zum dauernden Verbleiben – immer ist da ein Gefühl von Fremdheit.

... Die Philosophie der Melancholie – lesen Sie bitte hierzu folgende Geschichte:

... Drei sich fremd fühlende Melancholische treffen sich heimlich in der alten Fischerhütte am Bergsee, einem dunkelblauen, tief scheinenden Gewässer, umgeben von hohen Tannen und Buchen. In der Nähe befinden sich schluchttiefe Erdschürfungen und Stollen bis ins Innere der Erde. Aus diesen Höhlungen wird Tonerde gewonnen für Schalen und Krüge. In einem stillgelegten Stollen lebt seit Jahren Ödos, der rothaarige Zwerg mit der dicken Studiosusbrille.

Eben dieser Zwerg Ödos ist heute Gastgeber in der Fischerhütte, und eingeladen hat er die sprechende Schwänin Ala, die am fürstlichen Teich des Nymphenschlosses lebt, und eingeladen hat er überdies die Wolkenfee Isaba, klein von Gestalt und – trotz nebelgrauem Kleid – beinahe durchscheinend wirkend. Isaba lebt ansonsten meist hoch über den Gipfeln der Bäume.

Eingeladen hat Ödos zu einem philosophischen Disput über »Mensch, Gott und die Melancholie«, und er reicht – als Gastgeber – frisch gebackenes Höland-Brot, das, wer will, mit gesalzener Marja-Butter bestreichen kann. Zudem gibt es zu trinken, frischen Presssaft von den Beeren des prächtigen Maulbeerbaums für die Damen, und Met aus Christianskoj für Ödos. Mit fortschreitender Stunde nippen auch Ala und Isaba an dem »vergessen-machenden Himmelstau«, wie Ödos sein Lieblingsgetränk nennt.

Drei melancholische Wesen – Ödos, Ala und Isaba –, und alle drei Wesen sind in ihrer Melancholie unterschiedlich:

Ödos gestaltet um seine Melancholie ein intellektuelles Gebäude, verkriecht sich in seinen Wohn-Stollen und schmökert grübelnd, als erklärter Atheist und Existenzialist, in dicken, schwer lesbaren philosophischen Wälzern. Verweilt er in Gesellschaft, so parliert er vorzüglich, amüsiert sich, schäkert, sucht amouröse Abenteuerchen, erzählt von weiten Reisen (wobei unklar bleibt, ob er wirklich je in die Ferne schweifte), lacht und singt und wirkt nach außen überhaupt nicht melancholisch, er gibt sich heiter und unbeschwerlich. Dann aber, sobald er allein ist, sitzt er am Tisch im Kerzengeflacker, und sein tonnenschweres Haupt, voll düsterer Gedanken, ruht in seiner rechten Hand, Ellbogen-gestützt – ähnlich Rodins Denker –, und dann brütet er Hirngespinste, brütet über sein versäumtes Leben und sieht nur grau-erdrückende Zukunft. Vor sich auf dem Tisch liegt Schreibpapier mit wenigen Notizen, durchgestrichene Zeilen symbolisieren seine grundsätzliche Unzufriedenheit mit sich und seinen Entwürfen, dabei hat er das Gefühl, es müsse reichlich Poesie aus ihm herausquellen. Aber es quillt nur selten, und diese Seltenheit vermehrt seine Qual. Tagelang vergisst er, dass im Nebenstollen noch seine ihm angetraute Zwergenfrau lebt, zusammen mit zwei Kindern und Oma, Opa, Tanten, Onkeln. Doch für Ödos ist das alles ein – für den Sinn seines Lebens – unwichtiger Nebenschauplatz …

Ganz anders lebt die Schwänin Ala, stundenlang putzt und schminkt sie sich vor dem Spiegel. Ala, eine wunderschöne jung-traurige Frau, und das aus den Augen strahlende Herzeleid vermehrt noch ihre Schönheit und ihre beinahe zauberhafte Anziehung – ständig wird sie von Männern, aber auch von Schwäninnen umworben und begehrt. Ala lebt die traurige Ästhetik des Seins im genussvollen Weltschmerz und wünscht sich immer wieder die Todes-Sehnsucht – nicht den Tod selbst – herbei. In die Süße ihres Leidens lässt sie sich hineinsinken und dabei von anderen verwöhnen, von ihren Eltern und Brüdern und von der wechselnden Schar von Freiern. Ihre Schwermut wird durch andere Menschen erleichtert, von diesen wird sie auf Händen getragen. Ala ist sich ihrer Besonderheit beinahe immer bewusst, sie wirkt stolz und ist letztlich unnahbar. Auch wenn sie sich in sentimentalen Tränen anderen hingibt, kann sie plötzlich kalt sein wie ein Fisch und entwischt emotionalen Bindungen, um ohne Verantwortung und frei zu bleiben. Mystisch-Religiöses findet sie so lange faszinierend, so lange diese Frei-Religion auf sie und andere exotisch wirkt … Ala lebt den Zauber der Melancholie und ist dabei düster verliebt in *ihre* Melancholie …

Wieder anders ist Isaba. Auch ihr Antlitz strahlt – ähnlich wie das von Ala – diskret, aber deutlich, im tiefsinnigen Charme der Melancholie. Doch im Gegensatz zu Ala lebt Isaba nicht oder nur sehr selten in der Leichtigkeit der Melancholie. Obwohl Isaba von Gestalt leicht und beinahe durchscheinend wirkt, ist Schwermut in ihrem kleinen Herzen, und auch Kummer und unbestimmte Angst haben sich dort dauerhaft eingenistet. Oft beweint sie mit übergroßen, runden Tränen ihr Unglücklich-Sein, und nur selten kommt der Glanz trauriger Freude in ihre Augen. Einsam fühlt sich Isaba hoch über den Gipfeln des Alltags, und gleichzeitig leidet sie erdrückend unter der Bürde eben dieses Alltags und ist von den sich wiederholenden Verpflichtungen des Lebens total überfordert. Einmal lebte Isaba über lange Jahre hinweg mit einem gutmütigen Wald-Kobold zusammen in einem Baumhaus. Doch Isaba war und ist durch kleine Gesten und Worte leicht verletzbar und durch Negatives viel nachhaltiger geprägt als durch Positives. So kann Isaba Partnerschaft nur dann leidlich überstehen, wenn sie sich innerlich immer wieder aus der Beziehung entfernt und sich in ihren eigenen, tiefgründigen Brunnen zurückzieht. Das gelang damals nicht. Jetzt lebt Isaba allein, aber eigentlich nicht all-einig (im Wortsinn). Einsam ergründet sie in oft schlaflosen Nächten die Schwere des Wolkenhimmels. »Wenn einst der Himmel zusammenbricht«, so ihre Worte, »werde ich mich auflösen und eins werden mit dem Sternenhimmel, dessen Teilchen ich bin, eins werden und dann – endlich – glücklich sein für immer …«

»Ich eröffne hiermit die Diskussionsrunde«, sagt ÖDOS und stellt eine brennende Kerze auf den Tisch, »unser Thema lautet: Mensch, Gott und die Melancholie.« ÖDOS nimmt einen bedeutsamen Schluck aus dem Becher voll Met und fährt fort: »Ich für meine Person bekenne mich zur radikal-existenzialistischen Philosophie. Diese existenzialistische Richtung hat mehrere Väter und Großväter, zum Beispiel Kierkegaard oder Heidegger oder Sartre oder Abbagnano oder Merleau-Ponty oder Camus und noch zig andere, schreibende Philosophen, die Werke des Absurden, Werke des Nihilismus geschaffen haben. Hier fühle ich mich mit meiner Melancholie irgendwie noch am ehesten zu Hause, da finde ich Ideen und Gedanken, die mich in meinem Melancholisch-Sein erquicken.

Im Wesentlichen geht es in meiner Philosophie um folgende Punkte:

Erstens: Der Mensch wird unfreiwillig in die Welt gesetzt, unfreiwillig deshalb, weil der Mensch nicht vor der Geburt gefragt wird, ob er geboren werden will. Ins-Leben-gezwungen ist der Mensch, gewissermaßen zum Leben verurteilt und sich selbst überlassen, denn – dies ist meine Überzeugung – *es gibt keinen Gott und keine Götter und auch kein gottähnliches Prinzip.*

Zweitens: Davon ausgehend, dass es Gott nicht gibt, sage ich: Das Leben des Menschen ist nicht vorherbestimmt, sondern *der Mensch bestimmt sein Leben alleinig.* Es hat der Mensch – jeden Augenblick seines Lebens – die Freiheit der Entscheidung. Die Freiheit der Entscheidung auf den Punkt gebracht bedeutet: Der Mensch kann wählen, ob er die ihm aufgezwungene Existenz beenden will oder ob er weiterleben möchte.

Drittens: Der Mensch ist schlussendlich allein, absolut allein auf der Welt. Er wird durch allerlei Gedanken- oder Glaubensgebäude seine Existenz zu erklären versuchen, eine Lösung jedoch wird er nie finden. Für das Fortbestehen des mächtigen und unendlichen Universums ist die Existenz des einzelnen Menschen – ja sogar die Existenz der Erde als Ganzes – absolut belanglos, sinnlos. Indem ich mein Verlassen-Sein erkenne, die Sinnlosigkeit und das Absurde meines Da-Seins spüre, kann ich – trotzig – sagen: Ich lebe trotzdem!

Ausgeliefert der Allmacht und Willkür des Universums

stelle ich mich in einer von Anfang an sinnlosen Revolte gegen das Universum und behaupte die Freiheit meiner Entscheidung, behaupte die Selbst-Bestimmung meiner Existenz. *Ich – als winziges Ich innerhalb eines gefühllosen, kalten Kosmos – übernehme die Verantwortung für meine Existenz,* die Verantwortung für mein Tun, und ich – einzig ich – bestimme die für mich geltende Moral.«

Isaba unterbricht: »Das klingt ja erschreckend leblos und lieblos, was du da erzählst.

Wenn du sagst, der Mensch habe die Freiheit der Entscheidung – das ist doch eiskalter Zynismus. Welche Entscheidungs-Möglichkeiten haben denn die Menschen, die in Hungergebieten leben oder im Gefängnis sitzen, oder Kinder, die gedemütigt und gequält werden und fünfzehn Stunden am Tag hart arbeiten müssen …?«

Ödos: »Liebe Isaba, wenn ich von der Freiheit der Entscheidung rede, dann rede ich von mir, von mir in erster Person – und da gilt das, was ich gesagt habe. Ich kann nicht für andere sprechen, und ich kann auch nicht sagen, wie ich handeln würde, wenn ich hungernd wäre oder eingesperrt im Gefängnis. Ich spreche von mir, und ich bin Herr über meine Existenz.

Wenn es Gott nicht gibt, dann treffe ich, ich alleinig meine Entscheidungen und trage die moralische Verantwortung hierfür. Mit dieser Bürde der Entscheidungsfreiheit muss ich existieren, und diese Bürde – die Bürde, ohne Gott zu leben – drückt mich tief, tief hinein in mein Melancholisch-Sein.«

Ala meldet sich zum ersten Mal an diesem Abend zu Wort: »Manche glauben an Gott oder eine Göttin, und manche glauben nicht. Wenn der Glaube an eine Göttin das Leben erleichtert – warum sollte ich dann diese Göttin bekämpfen oder sie für tot erklären?

Es ist doch wunderbar, dass es eine Göttin gibt. Wenn ich in meinem Leben nicht mehr weiter weiß, dann entzünde ich Kerzen und bringe Opfergaben in irgendeinem Tempel dieser Erde oder zu Füßen eines heiligen Baumes – dann werde ich an der Hand genommen, wie ein Kind von seinen wohlwollenden

Eltern, und ich werde dorthin geführt, wohin mein Weg führen soll. Und notfalls kann eine allmächtige Göttin mich mühelos aus meiner Schwermut befreien, mich auf ihre Schultern nehmen und mich tragen ...

Warum denn Gott oder Göttin in Zweifel ziehen, es ist doch wunderbar, dass es sie gibt ...«

ISABA: *»Gott – so glaube ich – ist überall, Gott ist in jedem, Gott umfasst das Seiende und das Nichts – Gott ist Alles.*

Diese letzte Aussage darf ich auch umkehren: Alles ist Gott. ›Alles‹ – dazu gehöre auch ich. Und indem ich dem ›Alles‹ zugehöre, werde ich selbst dieses allumfassende Alles.

Gott ist alles – und hierin fühle ich mich geborgen und getragen. Hätte ich dieses Grundgefühl nicht, ich würde zugrunde gehen. Wenn manchmal böse Zweifel nagen an meinem Glauben, dann werden die Qualen, die ich ohnehin schon im Leben spüre, noch ein Vielfaches vermehrt.«

ÖDOS: »Liebe Isaba – vereinfacht darf ich sagen: Du kreierst dir einen Gott als höheres Wesen, damit du die Qualen deines Lebens besser ertragen kannst.

Überhaupt kann ich das, was ihr – liebe Ala, liebe Isaba – in dieser Diskussion erzählt, nicht einfach so hinnehmen ...

Gott wurde und wird doch als Legitimation genommen für Herrschaft, Gewalt und Scheinheiligkeiten. Und außer den uralten Gott-fixierten Religionen entwickeln sich immer wieder Ideologien, die durch ein ähnlich allmächtig scheinendes, also Gott-ähnliches Prinzip bestimmt werden – ob Marxismus, Sozialismus oder Kapitalismus und Konsumismus ... Die Aufgabe der Philosophie ist es, sich nicht mit einem vordergründigen Glauben zufrieden zu geben, sondern zu fragen, fragen, fragen ... Das liegt zudem in der Natur meiner melancholischen Seele: fragen, in Zweifel ziehen ... fragen ... fragen ...«

ALA: »Fragen und fragen – das kann auch zu einem fragwürdigen Geschwätz werden, wenn es auf bestimmte Fragen des Lebens einfach, ja einfach, keine Antworten gibt ...

Sieh bitte ein anderes Prinzip: ›Nicht fragen – und nicht einmal wissen, was Antwort ist‹ ...«

ISABA: »Lieber Ödos, du sagtest zu Anfang, der Mensch sei zum Leben verurteilt und mit dieser Bürde allein. Ähnliches finden wir auch im Buddhismus, wo es zum Mensch-Sein dazugehört, dass der Mensch leidet, leidet an seiner Existenz. Im Buddhismus bietet sich ein Ausweg aus diesem Leiden, indem ich meine Individualität aufgebe und – wieder – eins werde, wieder verschmelze mit dem all-umfassenden Ganzen ...«

ALA: »Liebe Isaba, lieber Ödos – ihr beide scheint verschieden, doch seid ihr ähnlich in euren Ansichten: Ödos braucht seine radikal-existenzialistische oder atheistische Religion, und Isaba braucht ihren Buddhismus ... Und nur Männer spielen bei euch eine Rolle, ob als Vorbild oder als Negativum, ob Buddha, Jesus, Marx, Sartre ... Wenn ihr schon mit Religionen spielt, dann denkt doch auch an Göttinnen: So ist im alten Ägypten die Göttin Isis Inbegriff der natürlichen Kräfte, oder im Hinduismus gibt es die Göttin Durga, im Christentum die allseits bekannte Heilige Maria ...«

ÖDOS: »Aus philosophischer Sicht ist es irrelevant, ob ein Gott männlich oder weiblich ist. Sowohl männliche wie weibliche Götter sind Phantasie-Produkte des Menschen.

Nicht Gott hat den Menschen erschaffen, sondern der Mensch hat Gott geschaffen, damit er – der Mensch – eine einfache Erklärung für seinen Ursprung hat und damit er seinem sinnlosen Leben einen Sinn geben kann.

Ich existiere in der Realität, die mich umgibt und die ich wahrnehme. Und wenn ich von dieser Realität ausgehe, dann gibt es weder männliche noch weibliche Götter, keinen Vishnu, kein Nirwana, keinen historischen Materialismus, keine Vorherbestimmung, keine Wiedergeburt, kein ewiges Leben.

Als Mensch habe ich – auch wenn dies für manche deprimierend klingen mag – nur die eine Sicherheit: Ich bin, ich existiere. Und ich existiere nur in diesem Moment, im nächsten Moment kann meine Existenz schon zu Ende sein.

Ich bin, ich existiere im Augenblick.

René Descartes sagte jene berühmten drei Worte: ›Cogito, ergo sum‹ – ich denke, also bin ich ...«

167

ALA unterbricht: »Ich denke, also spinn' ich.«

Und ISABA: »Ödos, auch dein Laptop denkt. Dann darf auch dein Laptop sagen: ›Ich denke, also bin ich‹ …«

ALA: »Vielleicht ist all das, was wir Realität nennen, eine Täuschung, eine Illusion …

Wenn ich als kleines Individuum entstehe, entsteht gleichzeitig die Welt in meiner Wahrnehmung – das Land, in dem ich lebe, meine Wohnung, die Mitmenschen, die Tiere und Pflanzen. Diese Umwelt existiert nicht vorher und nicht nachher, diese gesamte Umwelt existiert nur, während *ich* existiere. Wenn ich sterbe, stirbt auch meine Umwelt. Denn meine Umwelt ist eine von mir erträumte Illusion.

Das ganze Leben ist wie ein Traum: Im Traum erscheinen bestimmte Menschen und Dinge, aber sobald ich erwache, sind all diese Menschen und Dinge vergangen, tot, vorbei. So ist auch mein Leben: *Alle Lebewesen und alle Objekte entstehen mit mir und sterben mit mir, weil sie nur Teil meiner Illusionen sind.*

Es mag zermürbend klingen, vielleicht auch zur Verzweiflung treiben, aber es gilt letztendlich: *Eine allgemein gültige Realität gibt es nicht.*«

ISABA: »Ja, Ala, ich gebe dir Recht. Und ich möchte noch weitergehen und erklären: All-nächtlich verschwindet die vermeintliche Realität, wenn wir im traumfreien – ich wiederhole: im traumfreien (!) – Tiefschlaf versinken. Im traumfreien Tiefschlaf gibt es kein Zuhause, keinen Beruf, keine Familie, keinen eigenen Körper, keine Probleme – und überhaupt: keine Welt. Es gibt keine Welt! Im traumfreien Tiefschlaf ist alles, alles verschwunden.

Im Tiefschlaf ist ewiges Glücksempfinden, und erst wenn ich erwache, habe ich die alltäglichen Probleme und Qualen wieder vor mir. *Im Tiefschlaf bin ich vielleicht dem ursprünglichen, ewigen Sein sehr nahe* … Ramana Maharshi, jener indische Gelehrte sagt gar: ›Schlaf ist der natürliche Seinszustand.‹

Dies ist vielleicht der Grund, warum ich – wie alle Melancholischen – so gern in Schlaf sinke und mich den ganzen Tag freue, dass ich abends mich in Morpheus' Arme hingeben darf.«

ALA: »Lieber Ödos, *du lebst in der Illusion, ein Handelnder zu sein*, doch bist du ein winziges Tröpfchen inmitten des Meeres, das in Bewegung ist und das auch *dich* bewegt. Und dieses Bewegtwerden erlebst du – als winziges Tröpfchen – wie eigenständiges Handeln. Halleluja, welch lächerlicher Größen-Wahn. Intellektuelle Paranoia.

Viele Probleme und viele Leiden entstehen nur daraus, dass wir glauben, wir seien Handelnde.

Der durch und durch melancholische Mensch spürt die trügerische Illusion des Handelns und kann sich oft – nicht immer – hingeben wie ein Tröpfchen dem Meer.

Und dieses Tröpfchen im Meer kann durchaus ein fröhliches, freudvolles Dasein führen, lachend und glücklich sein!

Doch wer als Tröpfchen glaubt: ›Ich will dies, ich will das haben‹, der scheitert natürlich, der verlässt die hingebungsvolle Melancholie und versinkt in erdrückender Depression. Die Lösung wäre, statt ›ich will dies haben‹ zu denken, anders zu spüren, etwa: ›Ich bin in mir ... und bin da freudig und glücklich ...‹

So einfach ist es – oder so einfach könnte es sein.«

ÖDOS: »Ich, nur ich habe die Entscheidung gefällt, ins Fischerhaus zu kommen zu diesem Disput. Ich, nur ich habe gehandelt und bin verantwortlich für das, was ich sage.

Jeder Mensch hat so lange die Freiheit der Entscheidung, so lange er in der Lage ist, zu wählen zwischen Existenz und Nicht-Existenz, das heißt zwischen Weiter-Leben und Beendigung seines Lebens durch Freitod ... Frei-Tod oder Selbst-Mord ...«

ISABA unterbricht: »Nahezu alle Menschen sind *Selbst*-Mörder: Sie erkennen nicht das Göttliche in uns, erkennen nicht die Größe des Selbst, achtlos ersticken sie das Selbst, morden es – Selbst-Mörder werden sie und verleugnen das Göttliche über uns, um uns und in uns.«

ÖDOS: »Lasst mich nochmals erklären: Meine Philosophie

ist eine optimistische Philosophie, die nicht nur mich, sondern auch andere Menschen aus der Depression herausführt.

Optimistisch ist meine Philosophie deshalb, weil jeder Mensch seine eigene Zukunft alleinig zimmert, seine eigene Moral festlegt. Es gibt keine Führer, keine Avantgarde, keinen das Schicksal festlegenden Gott: Nein, ich, ich bestimme – in freier Übereinstimmung mit meinen Mitmenschen – meinen eigenen Weg. Und ich handle. Denn eigentlich lebt nur der, der handelt, derjenige, der Taten vollbringt. Wer im Leben inaktiv ist, ist eigentlich schon gestorben. Der Mensch ist nur das, was er lebt und was er macht.

Wenn ich meine eigenen Entscheidungen treffe und die Stärke besitze, für mein Tun die Verantwortung zu tragen, dann bin ich mein eigener Gott und setze die imaginären Götter außer Funktion. Ich. Ich bin mein eigener Gott.«

ALA: »... aber ein sehr sterblicher Gott, ein Gott, der nicht einmal weiß, ob er in der nächsten Minute noch lebt.«

ISABA: »Ach, Ödos, dass Tun und Handeln und Entscheidungen treffen so wichtig sind für dich ...

Ich kenne menschliche und andere Wesen – und irgendwie gehöre ich auch dazu: Wesen, die fühlen sich innerlich leer, haben Angst vor jeder Entscheidung, leiden unter Minderwertigkeitsgefühlen, sind in sich gekehrt ... In einer Welt voll von Elend und grausamen Widersprüchen ist es vielleicht der aufrichtigste Weg, wenn man sich in Melancholie, Trauer und Passivität zurückzieht. Mein Handeln ist dann kein wollendes Handeln, sondern stimmige Reaktion.

Das Gesagte passt jedoch schlecht in die Philosophie der gegenwärtigen Gesellschaft – einer Leistungs-Gesellschaft. Und, lieber Ödos, obwohl ich weiß, dass du die herrschende Leistungs-Gesellschaft kritisierst, hat sich in deine Philosophie das Prinzip ›Leistung‹ heimlich und nachhaltig eingeschlichen.

Indem ich innerhalb meiner Melancholie lebe, empfinde ich mich außerhalb der leistungs-fordernden Gesellschaft, denn Melancholie ist meine Zuflucht. Melancholie gewährt mir Schutz.«

ÖDOS: »Auch in der Melancholie erlebt man Himmel und Hölle.«

ISABA: »Ich weiß. Und ich weiß auch: Die Hölle ist man selbst, die Mitwirkenden sind nur meine Projektionen ... und die Tür, als Fluchtweg, steht offen – aber wohin, wohin sollte ich denn fliehen?«

ALA: »Lieber Ödos, wenn du die Traurigkeit und Verzweiflung von Isaba und anderen Wesen siehst, glaubst du dann noch, dass der Mensch sich frei entscheiden kann und sein Leben selbst bestimmt? Entscheidet sich ein Mensch für ein Leben in Melancholie, oder wird er in die Melancholie hineingeboren – ohne sich frei entscheiden zu können?

Alle Wesen dieser Erde machen doch immer wieder einmal diese Erfahrung: *Da spürt man etwas, was einen von außen steuert* – das ist die Macht der mich umringenden Gegebenheiten. Marionetten sind wir – doch wer zieht an den Fäden dieser Marionetten?«

ÖDOS fängt wieder an zu reden: »Da ist das zeitlose Nichts und gleichzeitig das ewige Sein und irgendwo dazwischen die zeitlich eng begrenzte menschliche Existenz – ein riesiges, undurchschaubares Marionettentheater. Das erinnert mich an Heidegger: ›Dasein heißt Hineingehaltenheit in das Nichts.‹ ...«

ALA: »Dieses ›Sich-ausgesetzt-fühlen‹ im Nichts bedeutet, als getrennt wahrzunehmen, was ursprünglich einig ist. Dieses künstlich Trennende, dieses künstlich Duale schafft Konflikte, schafft Verzweiflung und Leiden.

Die Lösung ist einfach: Das duale Prinzip überwinden und Eins-sein, leben wie der Vogel im Himmel und die Blume auf der Wiese.

Erst wenn ich vom kleinen ›Ich‹ – der Existenz – loslasse, loslasse vom Planen und Suchen, wenn ich Eins-werde mit dem all-umfassenden Selbst, dann befreie ich mich vom Leiden, dann befreie ich mich auch von der bitter-süßen Melancholie ... dann bin ich end-gültig frei.«

ÖDOS hat mittlerweile – etwas frustriert vom Verlauf der

Debatte – viele Becher Met getrunken und spürt und bestaunt die Schönheit der Schwänin Ala … Er versucht, sich mit seinen Händen erotisch der Schwänin zu nähern. Ala macht das zärtliche Spielchen mit, gibt Küsschen mit ihrer spitz-roten Zunge und umarmt Ödos mit ihren weißen Flügeln. Doch plötzlich beißt sie Ödos mit ihrem scharfen Schnabel in die Wange, in den Hals, schlägt ihn mit den Flügeln und zischt Ödos hämisch an: »Ich als Prinzessin, wenn auch ungekrönt, lasse mich nicht von einem ältlichen Zwerg verführen.«

Nähe und gleichzeitig Kälte – dies ist typisch für Ala …

Ala und Ödos rücken voneinander ab, Ödos droht in seiner nihilistischen Melancholie zu versinken, Ala dagegen schwebt in melancholischem Stolz.

Isaba hat das erotische Techtelmechtel gar nicht richtig bemerkt und zitiert aus dem 2500 Jahre alten chinesischen Buch der Weisheiten, dem Tao-tê-ching.

Isaba: »›Das Nichts weist auf den Beginn des Himmels und der Erde; das Sein weist auf die Quelle aller Dinge.

Aus diesem Grunde und aus dem ständigen Wechsel zwischen Sein und Nichts sehen wir von dem einen das Wunder, von dem anderen die Grenzen und umgekehrt.

Sein und Nichts haben eine gemeinsame Mutter, einen gemeinsamen Ursprung, und doch sind sie zwei ganz unterschiedliche Gegebenheiten.‹

Ideal wäre …«, so fährt Isaba fort, »wenn jeder Mensch die Religion und die Philosophie des anderen akzeptieren könnte, ohne ihn bekehren zu wollen. Wenn jeder, ob Sanguiniker oder Melancholiker, den anderen in seinem Temperament, in seiner Art des Seins respektieren und mögen könnte … dann wäre die Melancholie nicht länger ein Problem, sondern eine wunderbare Gegebenheit, eine Gegebenheit wie die Luft, die man atmet. Ähnlich der Luft müsste man auch bei der Melancholie darauf achten, dass sie unbehelligt und rein bleibt, denn die Melancholie ist – wie die Luft – lebensnotwendig für den Menschen.

Ein Lebewesen sein im großen Sein des Universums … aktiv

sein, wenn Mangel an mir ist und mich aktiv macht ... und passiv sein, wenn Impulse in mir mich passiv machen ...

Der eine sagt: Ein-atmen ist wichtig! Die andere sagt: Ausatmen ist wichtig! Jedoch ist dieser Streit überflüssig. Einmal ist Zeit zum Einatmen, einmal Zeit zum Ausatmen, und irgendwann ist Zeit, wo das Atmen stillsteht – still – für immer. Vielleicht atmen wir dann – einig – mit dem Universum. Das wäre Erlösung ...

... Die Melancholie ist ein Weg des Himmels ... und in diesem Sinn zitiere ich nochmals aus dem Tao-tê-ching, dem Buch der Weisheit ...

›Der Weg des Himmels ist
   nicht kämpfen
und nicht einmal wissen, wie man gewinnt,
   nicht reden
und nicht einmal eine Antwort kennen,
   nicht fordern
und nicht einmal Wünsche haben
   langsam und bedächtig sein
und nicht einmal wissen, wie man ein Ziel anstrebt.‹

... leben wie Jupiter, Saturn oder Pluto ... leben in kosmischer Melancholie ... ›nicht gegeneinander kämpfen und nicht einmal wissen, wie man gewinnt ...‹«

Epilog

Ideale werden skizziert
und beleben die romantische Sehnsucht
nach einer heilen Welt,
die es nie, nie geben wird ...
... und dennoch sollten wir von ihr träumen –
im besinnlichen Zauber der Melancholie ...

Anhang: Übungen zum traurigen Glück

Manche tief depressiven Menschen wollen nicht länger mehr qualvoll leiden, nicht mehr in der Tiefe ihres Seins verzweifelt gründeln und mögen auch nicht mehr in den Grenzbereichen zwischen Leben und Tod angstvoll nach Hoffnung suchen – die Depression möge ein Ende haben, wünschen sie sich, und sie streben nach der leichten Oberfläche des menschlichen Daseins, wo weniger Kummer und dafür mehr Heiterkeit ist.

Es gibt mehrere Wege, um aus dem tiefen Loch der Depression wieder nach oben zu kommen, zu mehr Zuversicht und Aktivität, um wieder Lächeln und Lachen und wieder (auch stille) Freude spüren zu können ... Die einfachste Möglichkeit ist, Pillen für die Seele zu schlucken (siehe Seite 71 ff.), aber viele lehnen eine medikamentöse Behandlung der Psyche ab. Psychotherapie kann hilfreich sein (siehe Seite 75 ff.). Darüber hinaus gibt es Maßnahmen, die die Selbstheilungskräfte stimulieren, etwa die Nahrungsumstellung, ein liebevoller Umgang mit dem eigenen Körper, Naturbetrachtungen, Entspannung, Meditation usw. (siehe Seite 78 ff.)

Am anderen Pol der Depression lockt die Melancholie. Und die Depression kann bereits dann als überwunden gelten, wenn man sich wieder in der besinnlichen Leichtigkeit der Melancholie bewegt.

Im Folgenden werden 28 Übungen beschrieben, die sich bewährt haben, um mehr innere Stabilität und Harmonie zu erreichen und um die Stimmung zu bessern. Diese Übungen sind überdies eine kleine Gebrauchsanweisung dafür, wie man zum Pionier und Forscher der eigenen Seele werden kann, um Schloss und Schlossgarten der eigenen Persönlichkeit kennen zu lernen, die Verließe und Folterkammern in den Kellergewölben, aber auch den prachtvollen Gartensaal.

Einige der beschriebenen Übungen lassen sich durchaus gezielt bei bestimmten depressiven Beschwerden einsetzen:

- Für mehr innere Harmonie, Ruhe und Ausgeglichenheit: Übung 1/2/7/10/11/12/13/14/15/16/17/19/21/23/27
- Für mehr Selbstbewusstsein, Aktivität, Power und Durchsetzungsvermögen: Übung 3/5/6/8/9/16/18/20/22/25
- Um Trostlosigkeit zu lindern und die Stimmung zu heben: Übung 1/2/4/6/8/9/14/16/17/19/20/24/25/27
- Für einen gelasseneren Umgang mit der Angst: Übung 1/2/3/6/8/9/14/18/19/23/26/27
- Um die eigene Lebensphilosophie, den Lebenssinn, die ›private‹ Religion zu finden: Übung 2/16/18/19/27/28

Von den »Übungen zum traurigen Glück« kann man keinen sofortigen Turbo-Effekt erwarten. Erst mit der regelmäßigen Wiederholung der Übungen (zwei- bis dreimal pro Tag, jeweils wenige Minuten) entwickeln sich erstaunliche, bislang nicht gekannte Fertigkeiten, die beflügelnde, somatisch-psychische Wirkungen zeigen und das Depressiv-sein lindern oder überwinden helfen ...

Übung 1:
»Melancholie als ausgezeichnete Charaktereigenschaft«
Versuchen Sie, sich Ihrer melancholischen Eigenschaften klar zu werden, benutzen Sie dabei die Übersicht auf Seite 40. Nehmen Sie bitte eine bequeme Körperhaltung ein, atmen Sie tief ein und aus, schließen Sie die Augen und entspannen Sie sich. Betrachten Sie nochmals die Eigenschaften Ihrer melancholischen Persönlichkeit – einzeln, eine Eigenschaft nach der anderen, und sagen Sie jeweils ein leises »Ja« dazu (auch dann, wenn Sie vom »Ja« nicht ganz überzeugt sind). Versuchen Sie, die melancholischen Wesenszüge Ihrer Persönlichkeit eher positiv zu sehen (was ja auch Inhalt dieses Buches ist), und versuchen Sie überdies, sich so zu akzeptieren, wie Sie – als melancholischer Mensch – sind ... Nun schließen Sie die Augen, und versuchen Sie bitte, sich mit anderen melancholischen Menschen auf Erden innerlich zu verbinden ...

Übung 2:
»Die Seele als offener Krug«
Stellen Sie sich an einem für Sie guten Platz (in Ihrer Wohnung oder in der Natur) mit beiden Füßen fest auf den Boden, die Arme nach oben geöffnet – so, wie ein offener Krug.

Der unendliche Raum füllt auch einen tönernen Krug: Der Raum in dem Krug unterscheidet sich von dem all-umfassenden Raum nur durch seine Begrenztheit.

Ähnlich ist es mit der Seele. Die all-umfassende Ur-Seele füllt auch den einzelnen Menschen – so entsteht die Individual-Seele, die sich von der Ur-Seele nur durch ihre Begrenztheit unterscheidet.

Nehmen Sie also die Haltung des Kruges ein, öffnen Sie sich nach oben, und spüren Sie Ihre Verbindung zur all-umfassenden Ur-Seele. Spüren Sie, wie es in Sie hineinfließt und herausfließt ... eine energievolle Verbindung Ihrer melancholischen Seele zur Ur-Seele ...

Übung 3:
»Ach, zwei Seelen in meiner Brust«
Außer dem melancholischen bis depressiven Persönlichkeits-anteil haben Sie vielleicht noch einen oder mehrere, ganz andere Persönlichkeitsanteile in sich.

Entspannen Sie sich bitte. Dann stellen Sie sich bildlich verschiedene Situationen Ihres Alltags vor: an Ihrem Arbeits- oder Ausbildungsplatz, bei Ihren Eltern, in der eigenen Familie, während der Lieblingsbeschäftigung, als spirituell Orientierter, als Aggressiver etc.

Beschreiben Sie, welche (sehr) unterschiedlichen Rollen (= Teilpersönlichkeiten) Sie spielen können, und benennen Sie diese Teilpersönlichkeiten mit möglichst drastischen Namen: der Eisberg, die Geliebte, der Presslufthammer (= durchsetzungsfähig), die Depressiv-Jammernde, die Kühl-Rationale usw.

Beschreiben Sie (möglichst schriftlich) ausführlich die Eigenschaften der zwei oder drei (oder mehr) wichtigsten Teilpersönlichkeiten. Diese Bilder Ihrer Teilpersönlichkeiten sollten Sie sich immer wieder vor Augen führen. Denn die Teilpersönlichkeiten vermehren Ihre Wahlmöglichkeiten, und Sie können auf diese Weise in schwierigen Situationen die jeweils adäquate Teilpersönlichkeit zum Auftritt bitten: zum Beispiel in der Firma die ›Depressiv-Jammernde‹ ausschalten und die ›Kühl-Rationale‹ auf der beruflichen Bühne agieren lassen.

Übung 4:
»Sich das Leiden von der Seele reden«

> *»Es verliert die schwerste Bürde*
> *die Hälfte ihres Druckes,*
> *wenn man*
> *von ihr reden kann.«*
> *(Jeremias Gotthelf, 18. Jh.)*

Wer etwas Schlimmes erlebt hat, erzählt das deprimierende Geschehen immer wieder. Und von Mal zu Mal wird das innere Leiden etwas weniger. Es ist dies die Katharsis des rhythmisch wiederkehrenden individuellen Klageliedes. Jammern Sie über Ihr inneres Leiden, über (auch unklare) Ängste, über die (auch scheinbar grundlose) Traurigkeit ... Wenn kein Ansprechpartner ›live‹ da ist, schreiben Sie Briefe (die Sie nicht unbedingt wegschicken müssen) ... oder füllen Sie Ihr Tagebuch ... Sich-ausdrücken (das Leid hinausdrücken) bringt merkliche Erleichterung.

Übung 5:
»Highlights in Ihrem Leben«
Schreiben Sie etwa 30 (kleine und größere) Höhepunkte in Ihrem bisherigen Leben auf: Bewältigen eines Umzugs; Mut, eine Beziehung einzugehen oder zu lösen; schulische und berufliche Leistungen; Aufbau einer Familie; ein bestimmter Urlaub; Prüfungen des Lebens; Natur-Eindrücke oder Konzerterlebnisse oder ... Schreiben Sie die ›Highlights‹ auf, auch wenn Ihnen dies – als Melancholiker – anfangs widerstrebt.

Versuchen Sie die Höhepunkte Ihres Lebens nochmals nachzuempfinden, und gestehen Sie sich zu, stolz zu sein auf diese kleinen und größeren Höhepunkte Ihres Lebens!

Übung 6:
»Power-Zustand«
Diese Übung spielt auch im Management-Training und Leistungssport eine große Rolle und ist Teil einer v. a. in Nordamerika häufig angewandten Trainings- und Psychotherapie-Methode namens NLP (Neuro-linguistisches Programmieren).

Bitte erinnern Sie sich an eine sehr erfolgreiche oder ›nur‹ glückliche Situation in Ihrem Leben, in der Sie voller Euphorie, voller Energie waren – an einen Höhepunkt Ihres Lebens: Dies kann eine bestandene Prüfung oder die Geburt eines Kindes sein, die Zusage eines ersehnten Jobs oder ein visionäres Ereignis ... Versuchen Sie nun, dieses Erlebnis wieder möglichst lebendig werden zu lassen, bis hin zu einzelnen Details: Körperhaltung, Glanz Ihrer Augen, Atmung, Muskeltonus, heiße oder fröstelnde Haut, übertönende oder leise Stimme, Ihre Gesamt-Ausstrahlung, Stimmung. Was haben Sie gehört, gerochen in der Zeit dieses Höhepunktes, wie waren Ihr Herzschlag, das Bauchgefühl, Ihre Gedanken?

Nun versetzen Sie sich möglichst intensiv in den damaligen »Power-Zustand«. Wenn dies maximal gelingt, dann versuchen Sie, dies mit einer besonderen Geste Ihrer Hand festzuhalten, zu verankern (zum Beispiel mit einem Faustschluss oder indem Sie mit zwei Fingern einen Ring formen). Üben Sie das Gesagte mehrmals täglich, eine Woche lang – Sie programmieren sich damit. Danach können Sie den Vorgang umkehren: Sie machen die eingeübte Geste und erreichen – gewissermaßen per Knopfdruck – sofort einen hoch-energetischen Zustand, die maximale Power.

Diesen Power-Zustand können Sie augenblicklich in besonders herausfordernden Situationen herbeiführen: Prüfungen, Vorstellungsgespräch, Wettkämpfe, wichtiger Auftritt vor anderen Personen, bei drohender Depression ...

Übung 7:
»Heilsame Rituale«
Erinnern Sie sich einiger Rituale, die der inneren Sammlung
und Konzentration dienen. Dadurch hüllen Sie sich in eine me-
ditative Atmosphäre.

Versuchen Sie, »alle Ihre Sinne« auf bestimmte Ritualhand-
lungen zu fokussieren, beispielsweise auf Tee-Zubereiten und
Tee-Trinken, oder ein Blumenbeet pflegen und währenddessen
mit »Leib und Seele dabei sein«, oder einen Weg rechen, bunte
Blätter sammeln, einen Blumenstrauß binden, ein Zimmer liebevoll reinigen oder einen Brief schreiben – alles als »feierliche
Zeremonie« erfüllen ... oder in »voller Hingabe« ein Mahl bereiten, oder sich »ganz und gar« der Liebkosung oder dem
Spiel einer Katze widmen ... »sich völlig einlassen« und sich
einer bestimmten Tätigkeit »voll hingeben«, gewissermaßen
»aufgehen« in dieser Handlung und so »Eins-werden« mit der
Handlung ... dann »Ich-vergessen« schließlich selbst zur
Handlung werden ... Ein heilsames Tun ...

Übung 8:
»Das Gegenteil von Depressiv-Sein«
Vergegenwärtigen Sie sich möglichst intensiv Ihre depressive
Stimmung. Dann versuchen Sie, an einer passenden Stelle in
Ihrem Raum eine für Ihre Depression typische Körperhaltung
einzunehmen und die begleitenden typischen Gefühle wahrzu-
nehmen (vielleicht mit niedergeschlagenen Augen, zusammen-
gekauert auf dem Boden).

Dann richten Sie sich bitte auf, atmen einige Male tief ein
und aus, schütteln Arme und Beine. Dann versuchen Sie, eine
körperliche Position einzunehmen, die genau das Gegenteil
der »depressiven Körperposition« darstellt (vielleicht hoch
aufgerichtet dem Fenster zugewandt). Nun geben Sie dieser
Position einen Namen (zum Beispiel »Zuversicht«). Nehmen
Sie mehrmals am Tag diese zuletzt genannte Körperhaltung
ein, und spüren Sie die dazugehörigen Gefühle.

Übung 9:
»Stimulierung der körpereigenen Gute-Laune-Drogen«
Im vorliegenden Buch wurde ausgeführt (siehe Seite 73 ff.),
dass körpereigene Drogen (Noradrenalin, Adrenalin, Endorphine) die Depression vertreiben können. Im Folgenden werden Übungen genannt, womit diese körpereigenen Antidepressiva stimuliert werden können:

- Springen Sie 10 Minuten konzentriert und möglichst hoch
  auf einem Trampolin. Im Verlauf dieser Übung vermehrt
  sich Noradrenalin in Ihrem Körper, und Sie werden merken,
  wie sich Ihre Stimmung aufhellt. Sie werden lächeln oder sogar lachen, und Ihre Sorgen und Ängste treten deutlich in
  den Hintergrund.
- Spielen Sie für sich einen »Kinder-Geburtstag«, blasen Sie
  mehrere Luftballons auf, und versuchen Sie, diese Luftballons immer wieder nach oben zu stoßen, damit keiner den
  Boden berührt. Machen Sie die Übung am besten mit einem
  Partner.
- Laufen Sie durch die Straßen Ihres Ortes und tanzen Sie
  zwischendurch, auch wenn die Passanten staunen.
- Wenn Ihnen dies zu exaltiert ist, dann tanzen Sie zu Hause in
  Ihrer Wohnung – auch alleine (vielleicht zu Walzer, Klassik
  oder Disco-Musik).
- Probieren Sie ein Ballspiel mit anderen (ob Volleyball oder
  Fußball), ohne siegen zu wollen. Versuchen Sie sich im Seil-
  springen, wie einst als kleines Kind; das Bungee-Springen ist
  eher für den Mega-Kick geeignet.
- Durchwachen Sie die Nacht auf angenehme Weise: Nachtwanderungen, Schachspielen, erotische Abenteuer, durch
  Kneipen ziehen oder Bücherlesen oder endlose Briefe
  schreiben – all dies vermehrt Noradrenalin (und Adrenalin)
  und bewirkt auch noch in den Folgetagen einen Aufwind für
  die Seele.
- Folgen Sie besonders intensiv und innig den Reizen Ihrer
  Sinne: Lassen Sie sich hineingleiten in das Lauschen Ihrer

Lieblingsmusik (wenn diese nicht allzu traurig ist) und summen und singen Sie mit.

- Imaginieren Sie in Ihrem inneren Kino eine besonders schöne, Sie beflügelnde Szene aus Ihrem Leben. (Segeln bei vollem Wind, Erleben eines Open-Air-Konzerts, eine heitere Begebenheit etc.)
- Stellen Sie sich vor, Sie wären ein Schauspieler und müssten lautes Lachen – auch ohne Anlass – darbieten: Bringen Sie künstlich Ihren Körper zum Lachen, die Seele lacht alsbald schon ein wenig mit.
- Spielen Sie mit (kleinen) Kindern. Oder spielen Sie mit einer Katze oder einem Hund. Oder spielen Sie mit Spielsachen, ob Autorennbahn oder Puppenküche.

Übung 10:
»Künstlerische Selbstportraits«
Künstler beschäftigen sich meist sehr intensiv mit sich selbst. So machen Maler oft Serien von Selbstportraits oder Selbstdarstellungen in veränderten Formen. Das können Sie auch! Gut oder schlecht zeichnen gibt es nicht, jeder zeichnet, wie er mag. Zeichnen Sie Ihren Körper in verschiedenen Situationen und zu verschiedenen Zeiten: Zeichnen Sie sich abstrakt oder symbolisch als Tier, allein und in Bezug zu anderen, zeichnen Sie sich mit Ihrer Familie, an Ihrem Arbeitsplatz, zeichnen Sie sich in Angst und Depression, oder wenn Sie fröhlich sind. Kreieren Sie 20 oder 30 Selbstdarstellungen.

Übung 11:
»Sich spiegeln«
Stellen Sie sich vor einen Spiegel, am besten nackt, und beobachten Sie sich möglichst wohlwollend, beschreiben Sie mit freundlichen Worten, wie Sie aussehen, Ihre Bewegungen, Ihre Ausstrahlung, Ihre Erotik … Auch wenn Sie nicht den Hollywood-Idealen entsprechen sollten, entdecken Sie – freundlich – Ihre besondere Art von Körperlichkeit, und versuchen Sie, sich so zu akzeptieren.

Übung 12:
»Körper und Seele massieren«
Der eigene Körper, der Sitz Ihrer Seele, lässt sich gut durch
Selbstmassage kennen lernen: Man kann sich den Nacken mas-
sieren, die Schultern, die Wirbelsäule, den Bauch, die Genita-
lien. Jede Region des Körpers lässt sich zärtlich befühlen, und
im Berühren Ihres Körpers berühren und erspüren Sie auch
Ihre Seele ...

Übung 13:
»Wanderung in den Körper«
Wenn Sie über psychosomatische Beschwerden klagen, dann
nehmen Sie Kontakt auf zu den Organen, die Ihnen Kummer
bereiten. Nehmen wir als Beispiel die Harnblase:
    Versuchen Sie, sich möglichst tief zu entspannen. Stellen Sie
sich dann vor, Sie wären als stecknadelkopfkleiner Zwerg im
Innern Ihrer Harnblase: Wie sehen die Wände der Harnblase
aus, das Gewölbe, ist Flüssigkeit zu sehen, bewegt sich die
Blase, welche Gefühle könnte die Blase äußern, welche Wünsche ...? Sagen Sie etwas Freundliches zu Ihrer Harnblase und
lassen Sie sie antworten.

Übung 14:
»Whirling«
Die Körperhaltung und der Rhythmus der Sufi-Tänzer werden
zum Vorbild. Stellen Sie sich in die Mitte eines Raumes, entspannen Sie sich bitte, dann schließen Sie die Augen und schauen nur
noch durch die Wimpern hindurch. Sie hören eine meditativ-ge-
tragene Musik, etwa im Rhythmus eines Wiegenliedes oder eines Sufi-Tanzes. Dann breiten Sie Ihre Arme aus, Handflächen
nach oben – und nun drehen Sie sich kreisend im Rhythmus der
Musik. Wenn Sie sich etwa zehn oder fünfzehn Minuten so drehen, tanzen Sie allmählich in einen Trance-ähnlichen Zustand
hinein und spüren schließlich ein glückliches Schweben. Durch
dieses wunderbar-drehende Tanzen erfährt Ihr Körper ein
Übermaß an glücklich-machenden Endorphinen.

Übung 15:
»Freies Malen«
Legen Sie Farbstifte und Zeichenblätter bereit. Nehmen Sie
eine entspannte Körperhaltung ein, atmen Sie tief ein und aus,
schließen Sie für einige Momente die Augen, dann öffnen Sie
die Augen und lassen Ihre Seele – mittels Ihrer Hände – frei
malen ... frei malen, was Ihrer Seele gerade in den Sinn kommt
... was gerade heraus will aus der Seele. Schauen Sie zu, wie ein
Bild, irgendein Bild entsteht, abstrakt oder konkret. Lassen Sie
Ihre aufkommenden Gefühle und Gedanken einfließen und
mitmalen ...

Wenn Sie den Eindruck haben, das Bild sei fertig – betrachten Sie das Werk. Dann versuchen Sie zu hören, was das Bild
Ihnen zu erzählen weiß ...

Übung 16:
»Kosmische Übung«
Entspannen Sie sich, atmen Sie tief ein und aus, und schließen
Sie die Augen ...

Versuchen Sie, sich vorzustellen, Sie erheben sich vom Boden der Erde und schweben empor, immer höher und höher
durch die Wolken hindurch, und bald sehen Sie die Erde, die
Erde als kleinen Erdball ... Sie ziehen vorbei am Mond, ziehen
an der Sonne vorbei ... Sie sind inmitten des Universums – ein
kosmisches Teilchen sind Sie, das fliegt – und Sterne und Galaxien erkennen Sie um sich ... Sie haben keine Angst, es ist alles
beglückend und Sie hören Rauschen und Klingen kosmischer
Musik ... Andere Sonnen sehen Sie, viele Monde, Planeten, andere Sonnensysteme ... Irgendwo die Milchstraße ... Sie
schweben und kreisen inmitten des Kosmos ... Es ist wunderbar, unendlich und zeitlos ... Göttliche Gefühle und staunende
Dankbarkeit ... und schließlich kehren Sie wieder allmählich
zurück zu unserem Sonnensystem ... Sie landen auf dem Planeten Pluto oder Saturn ... und dann schauen Sie aus dieser
kosmischen Distanz hinab auf die winzige Erde, sehen die kleinen Menschlein und unter den kleinen Menschlein sich selber

... Aus kosmischer Distanz: Wie wichtig ist das, was Sie als Mensch auf Erden tun? Vielleicht erkennen Sie die Nichtigkeit jedes menschlichen Tuns, was außerordentlich befreiend sein kann ...

Übung 17:
»Grundbedürfnisse des Lebens nicht vergessen«
Mindestens einmal pro Tag sollten Sie bitte
– singen oder musizieren oder tanzen
– laut lachen, auch ohne Anlass
– spielen wie ein Kind oder spielen mit einem Kind
– traurig sein
– sich erotisch spüren
– erzählen und sich erzählen lassen
– mit Tieren und Pflanzen reden
– sich vor der Sonne verneigen, sich beim Mond bedanken und die Sterne bewundern
– zu innerer Stille finden (wenigstens eine Weile lang)
– bewusst Liebe empfinden.
Es genügen jeweils ein oder zwei Minuten für die einzelnen Punkte dieser Übung, die eigentlich keine Übung ist, sondern alltägliches Leben sein sollte. Wichtig ist, dass die Grundbedürfnisse des Lebens nicht verrosten, sondern belebt werden.

Übung 18:
»Ich liebe mich«
Sagen Sie bitte möglichst laut diesen Satz:
    »Ich liebe mich.«
    Was empfinden Sie dabei? Kommt Ihnen der Satz leicht über die Lippen, oder können Sie den Satz gar nicht aussprechen, oder sind diese Worte bedeutungsleer? Entstehen Zweifel? Lieben Sie andere mehr als sich? Oder ist »Ich liebe mich« eine Selbstverständlichkeit für Sie?
    Wenn Sie wollen, wiederholen Sie dieses »Ich liebe mich« täglich oder mehrmals täglich. Und wenn Sie möchten, können Sie in diesen Liebes-Satz auch noch Ihnen nahestehende Wesen

einbeziehen: »Ich liebe mich und liebe A und B und C …«,
»Ich liebe mich« …

Übung 19:
»ZaZen-Meditation«
Bitte setzen Sie sich auf den Boden (oder auf einen Stuhl) vor
eine weiße Wand. Richten Sie Ihre Wirbelsäule auf, sodass eine
Achse zwischen Erdmittelpunkt und Universum entsteht …
Dann atmen Sie mehrmals tief ein und aus … Schließen Sie Ihre
Augen bis zu einem feinen Spalt, und fixieren Sie an der weißen
Wand irgendeinen Punkt … Ihre Augen bleiben fest auf diesen
Punkt gerichtet … Wenn Ihnen allerlei Gedanken kommen,
dann lassen Sie sie vorbeiziehen wie Wolken am Himmel …
Allmählich kommen Sie in eine Gedankenleere … und schließ-
lich in eine Gefühlsleere … Alles ist leer … Sie sitzen meditie-
rend, und der Punkt an der Wand führt Sie in die Leere … in die
unendliche Leere … die Leere, die irgendwann gefüllt werden
kann … Bleiben Sie im ZaZen … unendlich lange … zwischen
Sein und Nichts … ZaZen …

Übung 20:
»Tag des Lächelns«
Machen Sie aus einem ganz normalen All-Tag einen besonderen Tag: Allen Menschen, denen Sie an diesem Tag begegnen (in
der Metro, am Arbeitsplatz, im Supermarkt) schenken Sie ein
deutliches, freundliches Lächeln. Lächeln Sie auch, wenn Sie
im anderen Menschen Indifferenz oder schlechte Laune sehen
… Gehen Sie lächelnd durch den Tag.

Übung 21:
»Feierliches Hinabsteigen in den Brunnen der Melancholie«
Manche fallen in ein tiefes, depressives Loch, manche steigen
feierlich hinab in den tiefen Brunnen der Melancholie.
   Es ist ein großer Unterschied, ob ich als Taucher (mit Erfah-
rung und Ausrüstung) oder ob ich als ein Schiffbrüchiger in die
Tiefen des Meeres sinke. Wer nicht in depressive Löcher hi-

neinstürzen will, der muss bewusst und aus freier Entscheidung manchmal nach unten in den Brunnen der Melancholie klettern, Schritt für Schritt, vorsichtig und achtsam, tiefer und tiefer.

Für diese Brunnenübung wählen Sie eine all-einige Situation aus. Sie gehen tief in sich, vielleicht wählen Sie als Hilfsmittel melodramatische Musik, vielleicht ein Glas Rotwein oder Kerzenlicht ... Langsam steigen Sie hinab in den tiefen Brunnen der Melancholie ... und wenn Sie unten angekommen sind, betrauern und beweinen Sie Ihr Elend und das Elend der Erde ... und schließlich klettern Sie Stufe für Stufe wieder nach oben ...

Übung 22:
»Liebevolle Bilder meiner selbst«
Nehmen Sie ein Foto, das Sie als fröhliches Kind zeigt, und ein Erwachsenenfoto aus glücklicher Zeit. Fehlt ein entsprechendes Kinderfoto, dann nehmen Sie ein zweites Erwachsenenfoto, das Ihnen gefällt. Betrachten Sie liebevoll diese Bilder, und tragen Sie sie stets bei sich.

Übung 23:
»Entspannung von Körper und Seele«
Selbst-Entspannung ist kein Leistungssport, entscheidend ist, dass Sie sich wohl fühlen. Versuchen Sie ein Geschehen-lassen. Nehmen Sie sich bis zu fünfzehn Minuten Zeit. Wählen Sie – wenn möglich – einen ruhigen Raum mit gedämpftem Licht, lockern Sie Ihre Kleidung, entledigen Sie sich der Schuhe. Nehmen Sie eine bequeme Rückenlage ein, mit angewinkelten Armen, oder versuchen Sie eine gemütliche Sitzhaltung.

Nun schließen Sie die Augen, atmen Sie ein paarmal tief ein und aus. Beim Einatmen lassen Sie die Luft in Brust und Becken hineinströmen, beim Ausatmen spüren Sie die Wärme Ihres Atems über den Leib fließen. Ihr Gesicht ist entspannt, die Zunge gelöst, Schultern und Arme sind locker, Brust und Bauch sind angenehm warm, die Beine entspannt. Ruhig und regelmäßig bleibt die Atmung. Gedanken, die kommen, ziehen vorbei wie Wolken am Himmel, sie können jetzt nicht stören. Sie spüren tief Ihr Innerstes und gleiten langsam in einen Trance-ähnlichen Schwebezustand ... zwischen Wachen und Schlafen ... Bleiben Sie in diesem Zustand einige Minuten lang ... Wenn Sie die Übung beenden, dann handeln Sie ähnlich wie beim morgendlichen Erwachen: tief ein und aus atmen, Hände zur Faust ballen, Arme und Beine strecken, Augen auf ...

Nach dieser »Entspannung für Körper und Seele« werden Sie sich ruhiger und gelassener und gleichzeitig kraftvoller spüren.

Übung 24:
»Sexuelle Phantasien«
Legen Sie sich entspannt auf den Boden. Dann nehmen Sie bitte ein Seidentuch, das mit einem Aphrodisiakum durchlüftet ist, und bedecken damit Ihr Gesicht. Nun malen Sie sich vor Ihrem inneren Auge sexuelle Träumereien aus, homo- oder hetero- oder bisexuelle Zärtlichkeiten, kunstvolle Liebespositionen, Sexualität zu mehreren, oral, anal, mit oder ohne Kleider, mit oder ohne Sex-Apparate, Sex alleine, allerlei phantastische Liebesspiele, ohne Gewalt gegen sich oder andere anzuwenden ... Verführen Sie, und lassen Sie sich verführen ... und geben Sie Ihrer Lust freien Lauf ...

Übung 25:
»Lichter des Lebens«
Auf einen großen Bogen Papier schreiben Sie mit Farbstiften etwa fünfzig (große und kleine) positive Eigenschaften und Fähigkeiten, die Sie haben (vielleicht Pfannkuchenbacken, singen, auf andere eingehen, Auto reparieren etc.). Lesen und reflektieren Sie diese Aufstellung immer wieder. Platzieren Sie dieses Positiv-Papier wie ein Poster an einer würdigen Stelle in Ihrer Wohnung.

Übung 26:
»Nicht die Angst beherrscht mich, sondern ich beherrsche die Angst«
Sie schließen sich in ein Zimmer ein. Ein lauter Wecker wird so eingestellt, dass er nach fünfundzwanzig Minuten klingelt. Nun setzen Sie sich auf einen Stuhlrand, reißen Ihre Augen weit auf und versetzen sich in die schlimmsten Angstzustände, die Sie je erlebt haben, und rufen Sie die grauenvollste Panik, die Sie sich vorstellen können, herbei ... Sie sollen leiden, sich elend fühlen, hilflos und ausgeliefert ... Sie geraten in panisches Zittern, Schweißausbrüche und Herzrasen ... Immer mehr fallen Sie in rasende Angst und Panik ... bis das Rasseln des Weckers Sie endlich erlöst.

Damit ist die Übung beendet. Sie stehen auf, atmen tief ein und aus, Sie dehnen und strecken sich, Sie gehen ins Bad und duschen Ihr Gesicht mit eiskaltem Wasser. Dann nehmen Sie die vorher unterbrochene Alltagsbeschäftigung wieder auf ... Nun haben Sie gelernt, die Angst einzuschalten und die Angst auszuschalten. Jetzt verfügt die Angst nicht mehr über Sie, sondern Sie beherrschen die Angst.

Übung 27:
»Verbinden«
Besuchen Sie einen Ort, wo Sie sich dem »Kosmisch-Göttlichen« am nächsten fühlen. Nun nehmen Sie eine feierliche Haltung ein und versuchen, sich mit dem »Kosmisch-Göttlichen« (was immer Sie darunter verstehen) zu verbinden.

Übung 28:
»Kennen Sie Ihre Lebensphilosophie? Ihre private Religion? Den Sinn Ihres Lebens?«
Warum sind Sie auf Erden? Welche innere Haltung zeigen Sie gegenüber dieser Erde? Könnte es sein, dass Sie bestimmte Aufgaben zu erfüllen haben? Gibt es Kosmisch-Göttliches, Heilige, Geistwesen, Schutzengel? Gibt es ein Weiterleben nach dem Tod? Und wie füllen Sie das Leben vor dem Tod?

Wenn Sie tief in Ihr Inneres hineinhorchen – was hören Sie? Was sagt Ihnen die Flamme Ihres Herzens? ... Und nochmals die Frage: Warum sind Sie auf Erden?

Die Übungen werden am besten in »guten Zeiten« (wenn es einem einigermaßen wohl ergeht) trainiert, um sie dann bei einer depressiven Verstimmung heilsam einsetzen zu können. Einige Übungen wirken bei regelmäßiger Anwendung gewissermaßen als Prophylaxe, das Hineinsinken in ein depressives Loch wird deutlich seltener und weniger heftig. Im Gegensatz zu Psychopharmaka stimulieren diese Übungen die *körpereigene Selbstregulierung* (was sich auch biochemisch nachweisen lässt).

Erfahrungsgemäß greifen melancholische Menschen gar nicht so oft zu mentalen Übungen: Sie fühlen sich – beispielsweise durch die Power-Übung – zu weit entfernt von ihrem Original, der gleichermaßen abgelehnten und geliebten Melancholie ... Da lächelt Melancolia und schenkt uns mit ihrem unbeschreiblichen Lächeln die traurige Leichtigkeit des Seins ...

Literaturverzeichnis

Aischylos: Der gefesselte Prometheus. Stuttgart 1965.

Aristoteles: Metaphysik. Frankfurt 1978.

Bachmann, Ingeborg: Gedichte. München 1983.

von Barloewen, Constantin: Der Tod in den Weltkulturen und Welt-religionen. München 1996.

Baudelaire, Charles: Die Blumen des Bösen. München 1975.

Binswanger, Ludwig: Melancholie und Manie. Pfullingen 1960.

Braun, Hans-Jürg: Das Jenseits. Die Vorstellungen der Menschheit über das Leben nach dem Tod. Zürich 1996.

Brown, Geoffrey: The Poetry of Pop and Rock. New York 1970.

Burton, Robert: Die Anatomie der Melancholie. Mainz 1988.

Camus, Albert: Der Mythos von Sisyphos. Ein Versuch über das Absurde. Hamburg 1984.

Castillo, Otto René: Selbst unter der Bitterkeit. München 1983.

Cioran, E.M.: Gedankendämmerung. Stuttgart 1995.

Dalai Lama: Tod und Unsterblichkeit im Buddhismus. Freiburg 1997.

Ficino, Marsiglio: Scritti sull astrologia. Milano 1999.

Földényi, László F.: Melancholie. München 1988.

Freud, Sigmund: Trauer und Melancholie (in: Ges. Werke). Frankfurt 1967.

Friedrich, Caspar David: Hamburger Ausstellung. Bildband. Hrsg. von W. Hofmann. München 1974.

Fromm, Erich: Haben oder Sein. München 1980.

Goethe, Johann Wolfgang: Gedichte. Frankfurt 1965.

Guardini, Romano: Vom Sinn der Schwermut. Mainz 1983.

Gundert, Wilhelm u.a. (Hrsg.): Lyrik des Ostens. München 1965.

Heidbrink, Ludger (Hrsg.): Entzauberte Zeit. München 1997.

Heidegger, Martin: Sein und Zeit. Tübingen 1984.

Hesse, Hermann: Gedichte. Frankfurt 1970.

Kahlo, Frida: ›Passione‹ (Bildband). Milano 1979.

Kast, Verena: Vom Sinn der Angst. Freiburg 1997.

Kierkegaard, Søren: Der Begriff Angst. Stuttgart 1992.

Kirsch, Sarah: Hundert Gedichte. München 1985.

Laing, Ronald D.: Knoten. Hamburg 1972.

Lamberti, Loriana: Il diario. Firenze 1979.

Lao-tse, siehe Tao-tê-ching.

Leopardi, Giacomo: Canti e Frammenti. Bologna 1978.

Lorca, Federico Garcia: Diván del Tamarit. Frankfurt 1990.

May, Rollo: Antwort auf die Angst. Leben mit einer verdrängten Dimension. Frankfurt 1984.

Meister Eckhart: Schriften und Predigten. Hrsg. von H. Büttner. Jena 1934.

Meldini, Piero: L'antidoto della malinconia. Mailand 1996.

Neruda, Pablo: Elementare Oden. Berlin 1955.

Ramana Maharshi: Gespräche des Weisen vom Berge Arunachala. Interlaken 1993.

Rilke, Rainer Maria: Die Gedichte. Frankfurt 1990.

Rogers, Carl C.: Die klientbezogene Gesprächstherapie. München 1973.

Sartre, Jean-Paul: Das Sein und das Nichts. Hamburg 1985.

Suzuki, Daisetz Teitaro: Über Zen-Buddhismus. In: Fromm, Suzuki, de Martino: Zen-Buddhismus und Psychoanalyse. Frankfurt 1971.

Tao-tê-ching: Buch vom Tao, dem Weg, und seiner ausstrahlenden Kraft; von Lao-tse. Übersetzt von Anna Devoto. Mailand 1973.

Trakl, Georg: Gedichte. München 1970.

Tschuang-Tsu: Texte. Wien 1968.

Ungaretti, Giuseppe: Die Heiterkeit. Wien 1990.

Völker, Ludwig: Komm, heilige Melancholie. Eine Anthologie deutscher Melancholie-Gedichte. Stuttgart 1983.

Walter, Lutz (Hrsg.): Melancholie. Leipzig 1999.

Wiggermann, Karl-Friedrich: Spiritualität und Melancholie. Münsterschwarzach 1998.

Zehentbauer, Josef: Abenteuer Seele. Psychische Krisen als Chance nutzen. Düsseldorf 2000.

Zehentbauer, Josef: Chemie für die Seele. Psyche, Psychopharmaka und alternative Heilmethoden. München 2000.

Zehentbauer, Josef: Körpereigene Drogen. Die ungenützten Fähigkeiten unseres Gehirns. Zürich 1998.

Zehentbauer, Josef: Was tun? Leben wie Abraham. Über das Absurde menschlichen Tuns und über die Fähigkeit, glücklich zu überleben. Wien 2001.

Eugénio de Andrade